U0863629

中国雄心

ZHONGGUO XIONGXIN

HANGTIAN KEJI LÜSE ZHONGGUO

航天科技 绿色中国

郭锐 李军 著

陕西新华出版传媒集团
陕西科学技术出版社
Shaanxi Science And Technology Press
西安

图书在版编目（CIP）数据

中国雄心：航天科技 绿色中国 / 郭锐，李军著．— 西安：陕西科学技术出版社，2019.12
ISBN 978-7-5369-7736-5

Ⅰ．①中… Ⅱ．①郭… ②李… Ⅲ．①航天科技—应用—林业经济—经济发展—研究—中国②航天科技—应用—农业经济发展—研究—中国 Ⅳ．①F32

中国版本图书馆CIP数据核字（2019）第274206号

中国雄心：航天科技 绿色中国

郭锐 李军 著

出版人	崔 斌
策划编辑	李 栋
责任编辑	赵文欣 郭 勇
责任校对	秦 延
封面设计	一 鸣
监 制	张一骏

出版者	陕西新华出版传媒集团 陕西科学技术出版社 西安市曲江新区登高路1388号陕西新华出版传媒产业大厦B座 电话（029）81205187 传真（029）81205155 邮编 710061 http://www.snstp.com
发行者	陕西新华出版传媒集团 陕西科学技术出版社 电话（029）81205180 81206809
印 刷	陕西金和印务有限公司
规 格	720mm×1020mm 16开本
印 张	17.25
字 数	170千字
版 次	2019年12月第1版 2019年12月第1次印刷
书 号	ISBN 978-7-5369-7736-5
定 价	98.00元

版权所有 翻印必究

（如有印装质量问题，请与我社发行部联系调换）

序一

可贵的提升

三年前，我为《航天育种简史》写下序言《可贵的探索》时，虽然对一名航天科技工作者和科普作家写出这样内容丰富又通俗易懂的专著而感到欣慰，但却没有预见到，它在接下来的三年间能够获得如此之多的荣誉：

先是被评为“2016 中国好书”，在中央电视台举办的“中国好书”颁奖晚会上，航天英雄杨利伟将军与大家分享了《航天育种简史》；紧接着中央电视台的《读书》栏目又对作者做了专题访谈；随后，又先后被陕西省全民阅读活动组委会办公室评为“陕西省 2016 年十种最佳图书”、被陕西省科学技术厅评选为“2017 年陕西省优秀科普作品”、被科技部评为“2017 年全国优秀科普作品”……

这些荣誉对作者而言，既是广泛的认可，无疑也是莫大的鞭策与鼓励。我认为，能够写出《航天育种简史》的科学家和科普作家，一定不会停下探索的脚步，一定会努力把更多的基础科学和尖端科技知识传播给更多的读者。果然，作者不负众望，历经三年辛勤耕耘，又拿出了《中国雄心：航天科技 绿色中国》这样让我感到再次眼前一亮的优秀科普专著。

言其优秀，在于本书同样保持了宇宙级别的宏大视野，但却以更加扎实的知识，从地球生命的最初起源和早期发展讲起，阐述了生命与地球之间相互依存的漫长历史，讲清了地球表面之所以变成今天这样适合现代生物生存繁衍的环境，正是基于生命自身在改造环境上付出的艰苦努力的道理。

言其优秀，在于本书同样围绕着人与自然如何相处这样至关重要的厚重主题而展开，但却以更加细腻的笔触，深刻反思了人类在经验不丰富、观念还较落后的时代，为满足自身规模扩张之需要而对地球过度索取，最终招致大自然疯狂报复的惨痛教训，梳理总结了人类进入文明社会后开始学会反思、进而对维护自然进行朴素探索的基本经验。

言其优秀，在于本书同样浸透着身为中华民族子孙的无限自豪，但却以更加深厚的情感，详细描述了一代又一代中华儿女在认识到人类不能对自然过度索取的基本道理之后，在植树种草、绿化大地、保护自然上进行的艰难探索、付出的艰辛努力、取得的辉煌成果。

言其优秀，在于本书同样树立了严格遵守唯物辩证法的哲学自觉，但却以更加真实的事例对比，对各个国家、地区和组织所推进的重大绿化工程进行了全面回顾与总结，进而引出了这样的结论：人类有史以来投入最大、规模最大、成效最大且持续至今、仍在进行的绿化工程，即中国的三北防护林体系建设工程。

言其优秀，在于本书同样保持着对新中国现代科技，特别是航天科技及无数为航天事业奉献青春甚至生命的科技先驱的敬畏之心，但却以更加全面的梳理，总结了中国航天人数十年如一日地攻坚克难、披荆斩棘、阔步迈进的光辉历程，展示了“东方红”卫星上天、实现载人航天、突破月球探测等里程碑式的中国航天重大工程成果，归纳了对人类林草事业全面发展起到了重要助推作用的国产遥感卫星、导航卫星、无人机系统等中国航天重大应用成果……

这是一种可贵的提升。很显然，这种提升不仅只是展现在科普内容和文字写作层面，更可贵的还在于作者自身思想的升华。

人类发展到今天，文明发展到今天，中国发展到今天，世界发展到今天，都已经到了一个十分关键的全新历史阶段。人口规模持续扩张，工业规模持续扩大，而地球资源却在不可阻挡地持续减少，而大自然对人类需求的容忍度却不可能随之持续增大。

于是，几乎所有国家、地区的人们就都面临着人类上万年以来，特别是最近几百年以来所共同面临的艰难境地。一方面，人类要生存、要发展、要扩张，要发展现代工业、要建设现代城镇、要提高生活水平；另一方面，大自然却凭借延续数亿年的强大惯性，不允许人类无限扩张、无限掠夺，否则就将对人类施加剧烈报复，直至将人类驱离已经被破坏的地区，进而加剧其他地区的紧张局势。更何况，如今依然有极少数国家和地区、组织在十分顽劣地推行霸权主义、单边主义，依然在想方设法地凭借超强的武力，为满足一国、一己之利而不惜侵占他国资源、霸占他国土地，这在整体上进一步加剧了人类与大自然的严重矛盾。

人类与大自然真的无法共生共存吗？真的不能实现互促共进、永恒和谐的理想目标，而只能最终走向被大自然“团灭”的残酷命运结局吗？答案也许并不那么悲观。

在科技文明高度发展的今天，越来越多的人在反思人类过去的发展模式所带来的危害，并思考人类未来发展的出路。其中，有着数千年历史的中华文化承载着天下大同的理想追求，正以崭新的姿态登上世界舞台，为构建人类命运共同体、促进人类共同繁荣发展贡献着中国人的智慧。

所有这些，都已经既宏观又具体、既专业又通俗地容纳在了这部《中国雄心：航天科技 绿色中国》的科普著作之中。如果说“中国雄心”的主标题讲的是中华民族征服太空、回馈地球、造福人类、推进大同的雄心壮志，那么“航天科技 绿色中国”的副标题就是在阐明这部专著的具体内容，那就是宣传中国航天取得的辉煌成就，宣扬生态中国建设的骄人成绩。

我也曾参与过多部科普作品的创作，深知要写出一部让读者满意的科普著作绝非一件容易的事。首先，作者要有情怀。我认为，做科普是一位科技工作者的良心与责任，不能有功利思想。大多优秀的科技工作者自身的研究工作很繁忙，必须挤出宝贵时间来专门创作，有时候领导、同事未必理解，经常是“费力不讨好”，如果没有情怀很难坚持下去。第二，作者要有底蕴。包括对本领域知识宽泛而深入的了解和对于其中涉及的人文层面知识的积累。第三，作者要有文采。科普作品不同于学术专著，它是面向普通大众的，通俗性、趣味性、文学性的要求较高。我很高兴地看到郭锐教授和李军同志是真正具备了这三个方面的条件和能力的，他们的作品就说明了这一点。一部又一部大作的推出让我对他们抱有更多期待的同时也让我内心充满了深深的敬意，感谢他们为广大读者带来了一次次知识与思想的盛宴。

以此为序，并愿与各界读者共赏之。

中国载人航天工程副总设计师
国际宇航科学院院士

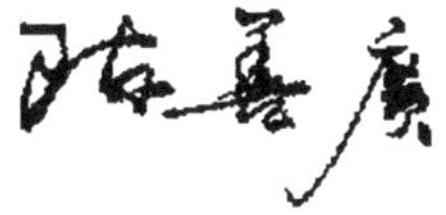

序二

东风起处万花开

人类社会发展到今天，对自然和环境的认识已经上升到了一个全新的高度。人类是生命进化的成果，更是大自然容许之下的存在；人类作为地球生命家族的顶级成员，更应当付出努力，维护地球生态系统，实现人与自然和谐相处、永久共存；不懂得敬畏和珍惜大自然的任何行动，都将受到大自然的惩罚，甚至被大自然所抛弃。

正是基于对人与自然关系的不断认识，近代以来，许多国家、地区和组织采取了较大规模的绿化行动，以求修复自然环境、保护生存和发展空间。这其中，最突出的就是我们中国。我国比任何国家、地区和组织都更加重视造林绿化，正在持续推进生态修复。同我国改革开放一起实施的三北防护林体系建设工程，就是促进人与自然和谐相处的标志性工程，也是世界上最大的造林绿化生态修复工程。

回首四十多年前，改革开放的春风吹拂中国大地，党和国家决定启动三北防护林体系建设工程，广大林业科技工作者面对如此壮丽的蓝图，深受鼓舞、备感振奋！因为我们看到，由于急剧增加的不合理的人类活动，对地质及气候条件本来就十分薄弱的三北地区造成了太多的伤害。尽管一代代先辈为保护环境、恢复生态进行了不懈努力，但由于受薄弱的经济基础、落后的技术水平等因素的制约，林草植被仍然不断减少，生态灾害仍然频繁发生。黄色的三北大地呼唤绿色的庇荫。

四十多年之后的今天，三北大地许多地区实现了由黄到绿的神奇转换。这项前所未有的工程虽然尚未全部完成，但林草植被持续增加，为三北地区的经济、社会、文化建设发挥了显著作用，成为全球生态治理的成功典范。三北工程的所有建设者、管理者，经历过无数的挫折，克服过无数的困难，也拥有过无数的欣喜。继续推进三北工程建设不仅有利于区域的可持续发展，也有利于中华民族的永续发展。前方任重而道远，必须要有久久为功的耐心与耐力。

三北工程的成就既是各族人民智慧和汗水的结晶，更是我国科技进步的硕果。三北工程始终得到了不断进步的农林科技和飞速发展的中国航天科技的强劲支撑。不论是遥感卫星、导航卫星、无人机，还是航天育种，都已经成为三北工程及其他绿化工作的重要技术手段，并且正在更多领域、更大范围、更深层次上发挥出越来越重要的作用，成为我国生态修复领域治理体系和治理能力现代化的重要工具。

俯下身躯，呵护绿树青草；昂起头来，遨游九天苍穹。通过一代又一代人的探索和实践，我国在生态领域、航天领域等许多方面都为世界提出了中国方案、贡献了中国智慧、展示了中国力量。我们有太多的故事想要告诉世人，现在，终于有了讲述这个故事的专著——《中国雄心：航天科技 绿色中国》。

《中国雄心：航天科技 绿色中国》所讲述的内容，不但展现了对数千年来坚持植树造林、改造山河的一代代民族先驱之雄心壮志的继承，也体现了当代中国贯彻绿色发展理念、扭转环境恶化之势的历史担当；不但有中国航天科技成果在美丽中国建设中的大胆应用，也有对数亿年来生命与自然内在关系和特定规律的科学探索；不但是对历朝历代治国理政、改造自然之朴素经验的梳理总结，也包含了对于落实新时代我们党的领导核心所发出的“一带一路”、建设人类命运共同体、建设生态文明等伟大倡议和号召的具体实践。

三北工程和中国航天都是“为天地立心、为生民立命”的伟大事业。伟大事业决定了《中国雄心：航天科技 绿色中国》是一部重大题材的作品。作者没有因为题材重大而被束缚，而是秉承客观严谨的科学态度和全面关怀的人文精神，用翔实的史料、动人的故事、细腻的语言，再现了三北工程和中国航天的科学探索和实践，使《中国雄心：航天科技 绿色中国》既具有科技传播的专业性，又具有教化启迪的普世性。这本书以宏观的写作视野、久远的历史跨度、强烈的责任精神，让我们认识到：科学有硬度，科学更有温度，科学包含着对未知的敬畏、对真实的好奇、对人类的关怀、对文明的奉献。

三年前出版的《航天育种简史》被评为“2016 中国好书”，源于作者对于航天育种领域多年的潜心研究和观察思考，作者之一的郭锐教授是长期在第一线工作的科研工作者，作为首批中国农业科技园区专家、航天育种（杨凌）种质资源研究中心主任、国家三北防护林体系建设工程航天育种种质资源研究课题组组长、《航天员》杂志社特约科普专栏作家，他在多年的工作中积累了大量的一手资料，为本书的创作打下了坚实的基础。

《中国雄心：航天科技 绿色中国》与其广受好评的“姊妹篇”《航天育种简史》一样，所具有的科普价值、民族价值，都是值得肯定的，可以作为社会各界人群丰富科学知识、开阔科学视野、树立科学思维、掌握科学本领的重要辅助读物。推介这本书，既是对中国林业、中国航天、中国梦的尊重，更是对地球、自然、生命的尊重。

国家林业和草原局三北防护林建设局

总工程师、教授级高工

目录

001 引言

和谐共生 方得永恒 ………………………… 001

003 第一章

生命本能

生命在宇宙中的诞生，是一种必然，因为生命已经出现；但反过来讲，却又是一种偶然，因为宇宙一直都在试图把生命消灭掉。生命能够在地球上生存繁衍，直至出现人类这样的高级智慧形态，在很大程度上是源于生命自身数亿年来的抗争，而不是宇宙的恩赐。

狂暴的历史………………………………… 005

罕见的奇迹………………………………… 008

生命的抗争…………………………………012

019 第二章

人类反思

人类作为善于用火和制造工具的高级生物，随着规模总数的急剧扩张，其对大自然的简单索取迅速演变为无节制的破坏性掠夺，最终招致大自然的残酷报复。于是，人类逐渐懂得了保护自然的极端重要性，并开始采取行动。但由于种种原因，这些行动并未从根本上解决问题。

可怕的扩张……021
艰难的探索……026
我们的先辈……034

043 第三章

中国雄心

新中国成立以来，党和政府始终对植树造林、保护环境非常重视。但由于基础过于薄弱、理念存在偏差、需求大于供给等原因，效果始终不够理想，尤其是在战略地位十分重要的东北、华北、西北等地区，形势已经到了极其严峻、令人生畏的地步。于是，人类历史上空前宏伟的三北防护林体系工程规划应运而生。

新中国成立初期的可贵探索……045
触目惊心的严峻现实……048
前无古人的宏大规划……055

065 第四章

泽被华夏

转眼间，三北防护林体系工程已经走过了四十多年的艰苦历程，推动三北地区划时代地实现了万里沙地由“沙逼人退”到“绿进沙退”、黄土高原由“荒山秃岭”到“群山叠翠”、农业生产由“三刮四种”到“林茂粮丰”、林业产品由“四料俱缺”到“相对丰富”、生态建设由“行业行为”到“社会行为”的重大转变。举世罕见，功勋卓著！

40 多年阔步前进……067
40 多年功勋卓著……073

40 多年名扬天下 ……………………………085

091 第五章

全新时代

很多人并不知道，三北防护林体系工程从中期开始就得到了各种航天科技成果的强力支撑。事实上，三北防护林体系建设迅猛推进的几十年，也正是中国航天科技迅猛发展的几十年。我们树立了“东方红”卫星上天、载人航天、月球探测这“中国航天三大里程碑”，空间站正在建设，火星探测也即将实施。新中国，已经成为当之无愧的航天大国。

图腾般的“东方红”卫星……………………093
承载梦想的载人航天……………………… 100
后来居上的月球探测………………………110

121 第六章

运筹苍穹

最先在三北防护林体系工程建设中发挥重要作用的航天科技成果，当属卫星。经过 60 多年的发展，卫星技术已经成为现代人类生产生活须臾不能分离的重要支撑；而我们中国的卫星技术，不论是遥感星、导航星还是与导航星密切相伴的无人机系统，都已经后来居上，成为中国林业规模化发展的重要手段。

遥感星：俯瞰大地的“千里眼”……………123
导航星：精准定位的“指南针”……………133
无人机：赴汤蹈火的“特种兵”…………… 144

151 第七章

宇宙馈赠

如果说卫星遥感、导航定位等技术对林业草原行业乃至绿色中国建设是“居高临下”地发挥作用，那么作为中国航天科技重要内容的航天育种科技，则是先“由下而上”再“由上而下”地发挥作用，并做出贡献。那么，为什么植物种子凭借航天科技到太空中遨游一番，就会发生人们所盼望的显著变化呢？

良种选育起源发展……153

逐步进入科技时代……160

太空中究竟有什么……167

种子上天后的奇妙变化……177

185 第八章

引领时代

平心而论，正在对人类生活发挥重要作用的航天育种科技，最先并非由中国人发明。但如今，有的国家放弃了；有的还在简单实施，但只考虑到航天员在未来太空远航时的食物补给。只有中国人，凭借为人类幸福着想的责任和担当，百折不挠、全力推进，将航天育种科技推进到了世界一流、引领时代的地位。

千淘万漉始到金……187

绝不存在放射污染……195

中国成就无与伦比……203

217 第九章

走向大同

当今世界，全人类正在成为你中有我、我中有你的“地球村村民”；当今中国，正在持续发挥负责任大国作用，与世界各国人民同心协力，构建人类命运共同体，加快推进“一带一路”倡议落地生根，建设持久和平、普遍安全、共同繁荣、开放包容、清洁美丽的世界。而中国的航天科技，以及在航天科技强劲助推下阔步前进的林业草业等事业，也正在成为绿色发展、和谐共生理念走出国门、推动人类走向大同的重要力量。这是自然之幸，更是人类之福。

重大倡议：构建人类命运共同体……………………219
伟大实践：“一带一路”阔步前行…………………225
强劲助推：航天科技高歌猛进………………………235
绿色发展：生态文明遍地开花………………………245

256 参考文献………………………………………………256

引言

和谐共生 方得永恒

人类以地球为家园出现在宇宙之中，已经约有 200 万年了。乍听起来，这是一个非常漫长的跨度。然而，与宇宙诞生 138 亿年、地球诞生 46 亿年的历史相比，人类这 200 万年顶多算是一眨眼。

令人遗憾的是，就在这短暂的“一眨眼”之间，人类就曾无数次因无知和贪婪而极度狂妄，动辄以“地球主宰”自居，对地球及早期微生物花费了数十亿年时间艰苦塑造而成的大自然进行毫无节制的侵占和掠夺。

大自然是活的，是庞大而复杂的生命体，而且具有人类所无法匹敌的强大力量。人类的狂妄招致了大自然的报复，甚至多次到了让人类有可能无法生存甚至难以延续的严重境地。

于是，人类中有些智者开始反思，开始行动，开始致力于修复和维护大自然。但由于理念不佳、力量有限、规模不大等原因，这些努力并没有达到预想的效果。

真正为全人类做出示范、引领和贡献的，是中华民族。中华民族的文明为什么能够延续 5000 年而未曾中断？因为，我们的基因是勤劳而智慧、勇敢而坚毅、谦逊而担当的。当这种基因在修复大自然中发挥作用时，一个前所未有、举世罕见的重大工程便在世界的东方横空出世，并持续扩大，坚持至今。

这就是三北防护林体系建设工程。

三北防护林体系建设工程覆盖的面积非常大。我们中华民族对人类的示范、引领和贡献，并没有仅仅局限于本国的东北、华北和西北，而是放眼全国，甚至全球。

这是一种跨越，这种跨越的标志，就是绿色发展、人与自然和谐共生、“一带一路”、人类命运共同体等伟大理念的提出。我们自豪地看到，这些理念已经得到大多数国家、地区、组织和人民的积极响应，已经开始越来越全面地付诸实践，并日益深入人心，逐步成为现实。

本书作者作为这些伟大理念的忠诚信仰者、坚定支持者，一直在试图为更好地理解和宣传这些理念而学习、探索。我们把目光投向了三北防护林体系建设工程的由来与发展，投向了中华民族为绿化大地而走过的艰难历程，投向了新中国发展航天技术、迈向浩瀚太空、回馈地球环境的豪迈步伐，投向了宇宙和地球及其历代生命的诞生与演进过程……于是，我们更加深切地感到，新时代的中国正在积极推进的上述伟大理念，是多么富有远见卓识，多么切合自然规律和人类需求，多么值得全人类都遵循和实践！于是，就有了这部《中国雄心：航天科技 绿色中国》的问世。它是我们学习成果的积累，也是我们深刻感受的凝聚。

“和谐共生，方得永恒”，大道至简，诚哉斯言！

第一章 生命本能

地球上的生命乃至人类的出现，是宇宙中的一个奇迹，因为宇宙中虽然大量存在着生命诞生的基础要素，但实际上各种宏观环境却并不利于生命的维持，甚至始终在试图消灭生命。就连我们的家园——地球，其实也是这样。为了生存，所有形态的生命都在努力改造着自己所处的环境，没有一代代生命所进行的这种亘古不息的努力，地球表面就不会像今天这样生机勃勃。

我们的宇宙，已经诞生 138 亿年了。在如此漫长的岁月长河中，宇宙中逐渐出现了数以千亿计的星系，而每一个星系中，又都拥有数以千亿计的恒星，其中就包括太阳。

我们赖以生存的地球，只是围绕太阳旋转的 8 颗行星中的一颗。与浩瀚的宇宙、星系相比，地球渺小得连一粒沙子都算不上。就是与太阳相比，也是那么微不足道。但就是在这并不出众的小小地球上，却出现了无数的生命种类，最终又出现了我们人类。

莫非，地球正是为了人类的出现而诞生、为了人类的发展而演化？

不是的。地球上之所以出现无数生命、最终出现人类，在很大程度上并不是宇宙甚至地球的本意。

狂暴的历史

看上去星光璀璨、寂静无声的宇宙，其实是非常狂暴的。或者说，宇宙本身就是从狂暴中凭空诞生、在狂暴中演化而来的。

按照“宇宙大爆炸”理论所说，宇宙是在138亿年前某个短暂得不能再短暂的一瞬间，以大爆炸的形式，从无到有，从小到大，突然诞生的。正是从那一刻起，能量迅猛增长，空间急剧扩张，物质也随之诞生，只不过都是最轻的元素氢，还有少量的锂。

随后，物质之间的万有引力开始发挥作用，弥漫于宇宙各处的氢物质开始分别聚集成团，越挤越紧，最终导致中央核心区域的压力和温度都突破极限，氢原子们突然发生核聚变，恒星就这样诞生了。

宇宙大爆炸想象图

那时的恒星，都是体积巨大、蓝亮耀眼的超级“巨无霸”，远非今天的太阳所能相提并论的。但体积大就代表着物质多、质量大，万有引力拽动物质向中央聚集的作用也更明显，因而中心区域的核聚变反应也就进行得格外猛烈，物质元素的消耗也特别快。我们今天的太阳，因内部核聚变反应进行得不快不慢，寿命长达 100 多亿年；比太阳更小的矮恒星，寿命能达到几百甚至上千亿年，几乎就是长生不老。

宇宙早期的恒星，寿命一般只有几百万年，相对于宇宙的漫长历史来说只是一眨眼的工夫，然后就会寿终正寝，以超新星爆发的形式结束生命。而这种超新星爆发的瞬间，又会以狂暴的方式，摧毁方圆几十光年范围内的一切。如果把宇宙年轻时代的演化过程“快进播放”，就能看到超新星爆发如爆米花般在宇宙中此起彼伏，前仆后继。这个阶段，宇宙中不可能有任何形式的生命出现，更谈不上生命的演化和发展。

再到后来，超大型“巨无霸”式恒星越来越少了，因为它们在变成超新星走向死亡的瞬间，会把几百万年来在核心区域通过不同能量级的核聚变所制造的铁元素及其他重物质，以及一直包裹在外围但没有参与核聚变的氢物质，还有在爆发瞬间制造的比铁密度更大的所有其他元素，全部抛向广阔的宇宙空间。这就使得这块区域在以后重新凝聚物质、慢慢形成下一代恒星的过程中，物质成分比例会发生变化，当最终形成新的恒星时，体积就不需要那么大了，但寿命会变得很长，而掺杂着大密度元素的物质还会在恒星外围逐步聚集，演化成为围绕恒星运行的行星。

这些行星，特别是像地球、火星这样的岩质行星，才是生命诞生最根本的依托。如果不是这样的行星，特别是能够留住大气层和水的行星的出现，那任何生命形式都不会诞生。同时，行星所围绕的恒星寿命还必须足够长，否则行星上就是出现了生命，也只能是昙花一现，因为它们没有足够的时间演化，更不可能向智慧生物方向发展。

罕见的奇迹

宇宙中出现了岩质行星，并不等于就一定会有生命出现，更不能说任何一个岩质行星上都会出现生命，这是不可能的。

仅从太阳系来讲，木星、土星等条件恶劣的气态巨行星就不必说了。其他4颗岩质行星上，也只有地球成为了生命的家园。水星、金星的环境都如同炼狱，火星上又大气稀薄、遍体荒漠，都不可能容许生命存在。或许有的行星比如火星上可能早期有过生命存在，但到目前为止，尚未发现任何生命迹象。有人根据火星上那显而易见的曾经有过的江河湖海留下的古老印记，猜测火星表面过去一定有过很多水，因而也可能有过生命，而且现在地表下面可能还有微生物生存，但也只是猜测罢了。

这些都充分证明，不论宇宙其他星系中有没有生命，仅从太阳系来看，生命的出现都是一种无与伦比的甚至是莫名其妙的奇迹。从很大程度上讲，甚至是一种巧合。比如地球离太阳再近一点，地球上的生物就会因为温度太高而无法生存；再远一点，就会因温度太低而被冻死。或者，假如地球的质量和体积再小一点，内部熔融状态的高温高压核心就有可能像火星的地核那样凉透僵住，整个行星就会失去磁场的保护，太阳发出的紫外线等强大能

高空中看到的地球上的大气层

量就会把大气层基本剥光，行星表面的水分就会全部蒸发到茫茫太空之中。如果这样的地球上有生命，那它们的结局将非常悲惨，甚至会荡然无存。

所以，地球上出现生命，确实是一件非常巧合的、了不起的宇宙大事件。有人曾经打过这样一个比方，生命的出现概率之低，就好比把一座含有各种金属元素的大山，丢进一个巨大的熔炉中，等到出来时，有用的元素物质刚好凑到一起，组成了一辆豪华小轿车。但不管怎么说，即便概率如此之低，生命终归还是出现了，而且还演化出了高等智慧生物，就是我们人类。

但是，有过狂暴历史的宇宙，并没有因为人类的出现而变得仁慈起来。尽管目前宇宙中的总体环境已经比早期阶段平和了不少，但依然严重不适合人类生存。事实上，宇宙一直在努力毁掉人类，以及地球上的其他所有生命。

比如，如果距离太阳系不远处突然发生超新星爆发，那么强大的宇宙射线会瞬间剥走地球大气层和所有水分，并将所有动植物烤焦烧毁。

比如，有颗不知从何处流浪而来的黑洞或中子星从太阳系飞过，那就连太阳都有可能被吃得一干二净，即使与太阳系擦肩而过，也会彻底扰乱太阳系的引力系统平衡，导致包括地球在内的行星全都乱飞一通，直至飞向荒凉的宇宙深处，再也无法归来。

比如，如果有颗小山一样的小行星突然砸到地球上，高温烈火、有毒浓烟、巨大海啸、猛烈地震就会接连发生，迅速毁灭地球表层，相撞瞬间被抛到高空的熔岩还会暴雨般落下，继续摧毁地表的一切，此后持续很久的酸雨、核冬天，又将扼杀最后的生命幸存者，曾经统治地球长达亿万年的恐龙家族，就是被这样灭绝的。

比如，我们赖以生存的太阳，最终也将耗尽中心区域的核燃料，演化为巨大无比的红巨星，把地球烤焦，甚至把地球直接吞没……

所以，从长远看，宇宙似乎一定会赢得最后胜利。

就地球本身而言，对出现在它身上的生命似乎也不那么友善。狂风暴雨、冰雹尘暴、酷热严寒、山火山崩、洪水干旱等各种自然灾害，只能算是微不足道的家常便饭；时不时便会突然发生的大地震、大海啸，一次就能摧毁一大片地区、死伤几十万人。地球上的每一种生命，恐怕都有过“活着，可真不容易啊”之类的感慨。

然而，正是在这样的宇宙中，正是在这样的地球上，生命不仅出现了，而且还在不断发展壮大。那么，是什么力量将浩瀚宇宙中的这个小小星球，变成了适合生命存在的家园呢?

履行这个使命、完成这个任务的，正是生命自身。虽然从宏观上讲，任何生命都不可能直接抵御和抗衡宇宙中的各种危险力量，也不能阻止地球本身的火山爆发、板块运动等有可能造成巨大灾难的重大地质活动，但却能够在某些局部地区和局部范畴内，一点一滴、聚少成多地改造自然环境，使之变得不那么危机重重、咄咄逼人，直至变成十分舒适的宜居之处。

这，才是奇迹中的奇迹。

生命的抗争

我们的地球是大约46亿年前形成的。论起地球形成的过程，虽然规模上无法与宇宙大爆炸相比，但也是一个炼狱般的存在。

最初，围绕着太阳旋转的并不是行星，而是一片片、一团团“杂质”，比较重的离太阳近，比较轻的离太阳远。在漫长的岁月中，围绕太阳的这些“杂质”在无处不在的万有引力作用下，开始相互碰撞、聚集、凝结，数量在减少，块头在增大。

小行星撞击大行星想象图

可想而知，这种过程是多么惨烈。尤其是当某个物质碎块体积足够大、引力也足够大时，它会把附近路过的其他碎块一个个吸引过来，砸到自己身上，进而融为一体。它的体积越大，别的碎块撞过来的速度就越快，产生的能量也就越大。

最后，水星、金星、地球、火星、木星、土星、天王星、海王星这 8 大行星全都形成了。其中，木星、土星、天王星、海王星作为气态行星，其形成过程与岩质行星不太一样，是以气体凝聚为主而不是以硬质碎块相撞为主，但最后也都稳定下来了。尽管偶尔还会有小行星或彗星砸到某个行星上，但毕竟不是常态了，因为每个行星都已经把自己轨道上的“杂物”全都清除干净了，自身也就安全了。比如对地球来说，假如真的发生有小行星体突然砸下来的重大变故，那也一定是从遥远的其他区域偶然飞来的，

太阳系各行星运行想象图

肯定不是地球公转轨道中残留的“造地原料”。

像地球这样的岩质行星，从最初萌生到基本形成但又没有完全形成时，完全是个满身通红、熔融状态的高温岩浆球，而且依然会有大量小行星体接连不断地从天空中猛砸下来，砸得岩浆火花满天飞溅。这种高温熔融的生长过程持续长达数亿年，在此期间显然不可能出现任何生命，连液态水都不可能留存。

直到距今大约39亿年前，地球表面才基本冷却下来，拥有了固态的地壳。液态水也随之出现，用了1亿年左右的时间，基本形成了早期的海洋，而且在规模上与现在的海洋相差不多，当然，海洋形状与现在相差还是比较大的。不过，那时的环境依然不允许高等级生命出现，因为空气中不但几乎没氧气，相反还充满了具有强烈腐蚀性的毒气。

但是，就在短短5000万年之后，也就是距今38.5亿年的时候，随着地壳、大气、海洋等都基本稳定，海洋中忽然就出现了地球生命的最初形态，尽管都是最原始、最简单的微生物，但毕竟是生命，是划时代的重大事件。

这些小得连肉眼都看不到的原始生物，不但都是如今所有生命共同的祖先，而且是改造地球表面环境的先驱。它们从诞生的那天起，就开始致力于吃掉水中的氢，然后排出氧。了不起的光合作用，正是在此过程中“发明”的。

当然，微生物都很小，所以它们对地球大气成分的改造极其缓慢，用了20亿年左右的漫长时间，终于将大气中的氧含量基

早期生命——三叶虫想象图

本提升到了目前的水平。在此过程中，大批最早出现的、一边制造氧气一边却又视氧气为“毒药”的早期微生物，要么彻底消亡，要么撤退到氧气达不到、够不着的地方继续默默生活。而随后出现的比较喜欢氧气的微生物则越来越多，队伍越来越壮大。

不仅如此，就在大气中的氧气浓度达到足够程度的时候，地球上的生命种类开始迅速增加，微生物一统天下的局面被彻底改变。此后又用了极其漫长的时间，在经过一轮又一轮的进化、扩张、突变等各种“工序”之后，地球表面终于成了目前这个形态。

直到今天，我们的地球也还是活的，而不是死的。不仅地球内部有颗巨大、滚烫并且活跃的心，地球表面也是一个活跃的整体系统。不同的是，地球之心主要是依靠自己的力量在活着。而

早期生命——三叶虫化石

地球表面，却主要依靠来自太阳的辐射能量，驱动着大气系统、蒸发着海洋水汽，再加上地球自诞生以来便拥有的惯性公转和自转，以及由太阳和月亮甚至遥远的木星等星球所给予的引力，所有力量加在一起，综合作用，地球如永动机般生生不息。

但是，不论过去还是现在，地球表面的这种活跃，在很大程度上并不是给生命准备、为生命服务的。为了应对这种令生命本身很不舒服的活跃，生命必须抗争。除了所有生命共同的祖先即早期海洋微生物用 20 亿年时间持续不断向大气中输送氧气外，后来的生命也同样没有放弃抗争。有的生命是通过艰苦努力，全面适应了这种活跃，这才生存下来，比如最早从海洋中爬上陆地的各种生物；有的生命则是拼命致力于改造自己所处的环境，在这个局部环境中阻止或减缓地球的活跃，不但保证了自己的生存和发展，而且还带动、推动了其他生命的生存和发展，比如植物。现在地球上那些居于平原的原始森林、居于高山的野草灌木，都是通过这种努力抗争，留住了土壤和水分，在漫长的地质年代中，平原没有干涸成荒漠，高山也没有被风化削平；而大量高山上土壤中的水分被留了下来，汇聚成成千上万条涓涓细流，然后在很长一段时间内缓慢渗出，而不是像山洪暴发一样把大雨送来的水分一次性全部耗光。然后，才有了无数动辄绵延数千千米的大江大河，才有了各条江河流域更大规模生态生命系统的繁衍发展；而由大江大河带给海洋的矿物质、微生物等各种营养成分，又促进了海洋中的生态生命系统的繁衍发展。

这是一种微妙的、科学的生态平衡。有了这种平衡，才有了今天的地容地貌，才有了生命的繁衍不息。如今的地球，不论是海洋中还是高山上，不论是森林中还是草原上，不论是城市中还是田野上，不论是泥土中还是花朵上，总能看到生物在活动，而且种类已经多到数也数不过来。

这一切，都得感谢早期微生物及后来的植物、动物、细菌的辛勤劳作。没有它们的付出，便没有地球大气成分的改变，没有生物种类的复杂化、多样化，没有我们人类的最终诞生。尤其是最早出现的微生物们，尽管渺小无比，但它们对地球环境特别是大气成分所进行的适合于生物生存发展的大规模改造，却是功不可没。

中国科幻作家刘慈欣在他的名作《三体·死神永生》中，曾对地球与生命的互动作用有过精彩的描述。其大意是，地球产生了生命，生命也在改变地球，现在的地球环境其实是两者相互作用的结果；植物、动物和细菌都对形成现在这样的大气层产生过重要作用，否则大气成分会有很大不同，可能已经无法阻拦紫外线和太阳风，海洋会蒸发，地球大气将变成金星大气那样的蒸笼，水汽从大气层顶部向太空蒸发，几十亿年下来，地球表面就会干透。也就是说，如果没有生命，地球演化到现在，可能像火星一样，连液态水都留不下。

幸运的是，地球生命共同的祖先们，都是那么勤劳敬业、不知疲倦，一代接一代地致力于改造地球，直到把地球表面变成了宇宙中罕见的生命家园。尽管尚未全部改变，但已经足以令我们欣慰了。

接下来，是后来居上的地球主宰——人类，开始按照有利于自己生存和发展的需求，对地球表面进行大规模的改造了。

第二章 人类反思

人类作为地球生命的最高级形态，一直在拼命摆脱纯粹听天由命的低级命运，一边努力适应大自然以求保障生存，一边不断向大自然发起挑战以求获取更多的生活资源。这种挑战，最初表现为个体或家庭、族群式的局部努力，后来又逐步上升为部落、地区、民族甚至国家层面的集体努力，目的就是改变环境，使之更加有利于人类自身的生产、生活。可惜的是，由于思维视野和知识经验的局限，这种超越大自然承受能力的挑战，最初常常会招致大自然的报复。

地球上出现人类，特别是出现能够直立行走、大脑成熟、会使用火、善于制造和使用工具的人类，满打满算也就 200 万年左右。这与早期微生物等生命形式改造地球大气、繁荣地表环境所用的数十亿年相比，只不过是极其短暂的“眨眼之间”。

然而，就在这短短的“眨眼之间”内，人类对地球环境造成的破坏，就已经达到了被大自然报复，进而在很大程度上开始威胁到人类自身生存的地步。

可怕的扩张

人类历史发展到今天，通俗地讲大致可以分为三大阶段，即狩猎、采摘阶段，游牧、农耕阶段，工业革命和信息化阶段。这三个阶段，随着人类总体数量的不断扩张而递进，而递进的每一步都伴随着对大自然的侵占和破坏。越到人类规模急剧扩张的后期，这种破坏就越是严重。

人类诞生初期，主要是以猎取野生动物、采摘野生植物为主。那个时候，对环境的破坏并不严重，甚至没什么破坏，因为早期人类虽然不会写字也不识字，但却都懂得生活区周围必须有树、有草，才能有动物可抓、有果子可摘、有块茎可挖、有草籽可采、有柴火可烧，才不会被饿死、冻死。除了拿

原始人采摘场景复原图

石斧、石刀去砍些树木、割些茅草来搭个小棚子，或者花点力气搬些石头、挖点土垒个小屋子之外，其他情况下一般是不会去大面积破坏环境的，因为一是没有这个需要，二是缺乏那个能力，更何况那时的人类数量也不多。所以，那个时候的人类，常常能够在某一个气候适宜、生态良好的区域内，稳定而安逸地生活很多很多年。

不过，这种稳定和安逸却又是相对的，因为常常是天有不测风云。如果碰上什么自然灾害，比如来场洪涝、突遭大旱，人类那极其原始、比其他哺乳动物高级不了多少的生产、生活方式，立即就会陷入困境甚至是绝境。就在这种遭受灾害、对付灾害的过程中，早期人类不约而同地发现，很多种动物是可以抓起来、关起来饲养的；而这些动物在一代代被饲养的过程中，野性逐渐消失，变得只能依靠人类的饲养才能生存下去，或者说靠着人类才能过上“幸福美好的生活”，至少是在被人类吃掉之前是这么想的。

问题是，人类的规模始终在扩张，饲养动物的规模也就跟着不断扩大，而周围区域内可供食用的树叶和野草、野菜的数量却是相对固定的，不会伴随着人和动物的扩张而增加，于是动物就会有被饿死的危险，而人类也会自身难保。

为了应对这种不利局面，害怕天灾，害怕因灾而没肉吃、没奶喝的人类，很自然地学会了逐水草而居。哪里的水草丰美，就赶着饲养的动物们去哪里暂居；如果那里的草被吃光了，那就再换个地方。

于是，人类的游牧时代开始了。这种情况，其实就已经是人类对大自然的过度索取了。但好在被吃光植被的土壤并没有遭到大规模毁坏，因此有很大可能还会再长出新的植被来。也就是说，大自然面对人类这种对局部地区植物资源的过度索取，还有着较强的修复能力。

再往后，人类越来越聪明了，因为大家又不约而同地发现，掉在地上而埋入土中的植物种子，过段时间还会生根发芽、重新生长，然后结出更多的穗子或果子。于是，人们就开始有意识地收集更多、更好的种子，更大面积地种下去，再收获更多的果实。随着这种能力越来越强、经验越来越多，人类终于发现，可以不用再辛辛苦苦地逐水草而居了，而是能够在某个合适的地方长期居住和生活了。于是，人类又慢慢跨进了农耕定居时代。

原始人定居生活场景复原图

人类对大自然真正的较大规模的破坏，实际上是从这个阶段开始的，因为随着种植技术的不断提高，只要不遭受大面积的自然灾害，所生产的粮食及杆叶、根茎等附属收获物就不但能保证人的生活，还能适当提供给饲养的动物。事实上，直到今天，这种情况依然是人类生活的一种常见形态。

但是，人类的规模依然在继续加速扩张，可供种植的土地就总是不够用。于是，人类终于走上了大规模破坏自然植被的道路，大片大片的草地甚至原始森林被开垦为农田。地球表面各个地区的陆地上，开始出现越来越多的巨型“斑秃”。这个时候，大自然已经开始报复人类，但好在都是局部地区的水土

砍伐

荒漠

流失、土地沙化，对人类总体上的影响还不足以致命。

当人类的工业革命开始后，局面终于变得有点不可收拾了。起源于农耕时代的阶级分化，到工业时代更加明显。随着私有制更趋成熟，人类数量的激增引发的各种矛盾和危机，又促使潜藏在人的意识深处的财产欲望，最终上升为统治阶级、政治集团对社会财富、自然资源的疯狂掠夺和四处征伐。日益先进的各种科学技术，更是为这种不计后果的掠夺增添了巨大的杀伤力，杀鸡取卵、竭泽而渔的事情层出不穷。而大自然对人类的报复也随之升级，由局部地区的环境变质扩大到某个大陆甚至整个地球表面宏观规模的生态恶化。大自然在人类的折腾下受伤了，生病了。对人类的报复，只是大自然伤病症状的反映。

事情已经非常严重。早期微生物用了 20 亿年才改造成功的大气层，后期各种生命形态又用了差不多同样漫长的时间才优化完成的地表环境，眼看就要被人类毁坏殆尽。

人类终于到了一个面临生存与发展形成尖锐矛盾的特殊时期。或者说，再这样下去，人类就到了事关生死存亡的重要关头了。直到这时，大家终于发现，原来把草都铲光了、把树都砍光了，是万万不行的。

艰难的探索

人类毕竟是人类，会思考，会总结，吃了大亏之后还会反思。在连续数千年破坏森林植被，进而无数次遭受大自然那不可抵挡的惩罚之后，再加上科技知识的增长，人类终于明白，没有足够规模的森林植被，地球大气层中的氧碳平衡就难以维持，广大山地中的水土就无法保持，广阔平原也就得不到稳定持续的河流灌溉，洪涝干旱等自然灾害也就更加频繁。最终，各个原本适宜生活的地区都将陆续变为沙漠、戈壁，整个地球表面的生态系统都有可能陷入崩溃，人类的生存发展之路也将走到尽头。

已经拥有近现代文明知识和足够动员能力的人类，终于开始悔过自救，而且这种自救在各个国家和地区不约而同地展开了。大家采取的力求长期见效的措施，基本都是营造防护林；也只有大规模营造防护林，而不是简简单单地在房前屋后种几棵树，才能在较大面积和范围内恢复原本完整健全的生态系统，才能使大自然因为被人类长期“欺负”而变得狂躁的脾气逐渐得到安抚并平静稳定下来。

这其中，最关键的就是要尽可能恢复森林生态系统的基本状态和主要功能。所谓森林生态系统是地球陆地生态系统中面积最

大规模营造防护林

大、范围最广、类型最多、最为重要的生态系统，与人类乃至其他生命的生存发展密切相关。如果说森林生态系统主要是指地球原有自生林木生态系统的话，那么完全由人类主导策划设计、营造建设的人工林木生态系统，就是林业生态系统，可以说是地球总体森林生态系统的新型组成部分。

有据可查最早成体系启动这类工程建设的，是 18 世纪的苏格兰，当时营造的是海滨防护林。到 19 世纪，丹麦也开始将防护林建设提升到了国家级规模。而到了 20 世纪，又有越来越多的国家开始启动较大规模的林业生态系统工程建设探索实践，其中，规模和影响都比较大的有美国的“罗斯福造林工程”、苏联的“斯大林改造大自然计划”、加拿大的“绿色计划”、日本的“治山计划”、阿尔及利亚等北非五国的“绿色坝工程”、法国

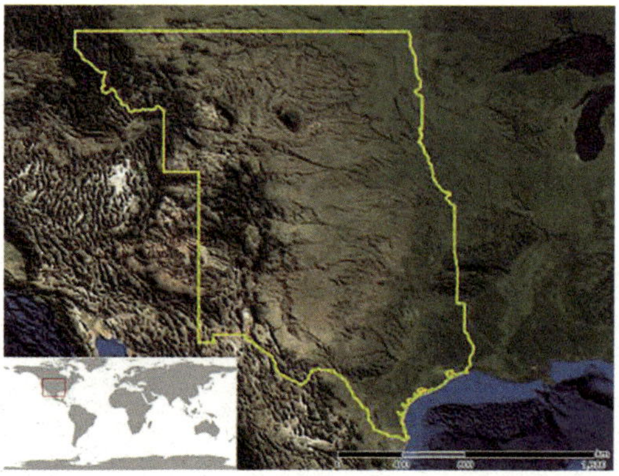

美国“罗斯福造林工程”范围图示

的“林业生态工程”、菲律宾的“全国植树造林计划”、印度的“社会林业计划”、韩国的“治山绿化计划”、尼泊尔的“喜马拉雅山南麓高原生态恢复工程”，等等。

但是，探索毕竟是探索，是在走前人没有走过的路，所以总是既有成功，也有失败。单从国外来看，上述多个国家实施的林业生态系统工程建设探索实践中，规模排在前三的是美国的“罗斯福造林工程”、苏联的“斯大林改造大自然计划”和北非五国的“绿色坝工程”。

对苏联来说，其欧洲部分的草原地带由于过度开垦和乱砍滥伐，导致自然灾害频频发生，生产、生活难以维系。于是，斯大林主持作出了实施“斯大林改造大自然计划”的决定。这个计划的构想是：自 1949 年起，用 17 年时间，在苏联欧洲部分的南部和东南部的分水岭及河流两岸，营造大型的国家级防护林带系统；在农场和集体农庄的田间，营造防护林，以绿化手段固定沙地，阻止蔓延，预计营造林木总面积达 570 万公顷，仅国家级防护林带就有 8 条，总长达 5320 千米。

从 1949 至 1953 年，“斯大林改造大自然计划”得到强力推进，大型防护林带及田间防护林实际营造面积已经达到 287 万公顷，仅为推进这一计划而专门建立的防护林站就有 500 多个，林场也有 50 多个。但由于种种原因，该计划到 1954 年后逐渐被终止。20 世纪 60 年代末，保存下来的人工林面积只剩 2%，苏联区域内的哈萨克、高加索、西伯利亚、伏尔加河沿岸等地区依旧沙尘暴频发，有时还有白风暴，即含有盐尘的风暴。

总的来看，当时的“斯大林改造大自然计划”尽管投入巨大，但几乎可以说是以失败告终了。

北非五国的“绿色坝工程”也有过不太成功的阶段。为了遏制撒哈拉沙漠向北不断扩张的趋势，阿尔及利亚、摩洛哥、突尼斯、利比亚和埃及这五个北非国家，决定自 1970 年起，用 20 年时间，在东西长约 1500 千米、南北宽 20 ~ 40 千米的巨大范围内，营造各种防护林共 300 万公顷。当时的愿望，就是通过实施“绿色坝工程”，大量造林种草，建起一条横贯北非各相关国家的绿色植物带，以阻止撒哈拉沙漠的进一步扩张，同时防止有限可用土地的沙漠化。

那么，作为“跨国项目”的“绿色坝工程”的实际效果如何呢？客观地说，一开始并不理想。虽然造林成本居高不下，每年高达 1 亿美元，但沙漠依然在向北扩张，由此而损失的林地面积还在不断超过造林面积。结果，许多专家、学者都在质疑这个工程的有效性，甚至对工程持完全否定态度。

难道是人类建设人工防护林、恢复生态系统的大方向不正确吗？

不是的。上述两个效果较差的防护林工程，最初失败的原因主要是在方法上，而不是方向上。

苏联实施“斯大林改造大自然计划”期间，许多决策不符合实际情况，比如“簇状”栽植种植法不科学，导致橡树幼苗大量死亡，造成更大范围内的惨重损失。

后来，苏联淘汰了广泛实施但效果不佳的宽林带、大网格防护林，开始因地制宜，科学推进。1963 年，苏联通过了一项“关于土壤侵蚀紧急防治措施”的决议，把防护林建设推向全新发展阶段。1973 年，苏联农业部在汲取“斯大林改造大自然计划”深刻教训的基础上，颁发了新的防护林设计和造林规程，按照土壤类型和特征，把防护林建设划分为 8 个类型区，并普遍推行更灵活、更科学的窄林带、小网格技术措施，同时对各类型林区主带间距、副带间距、林带树木行数、强风区和疏风区的林带透风系数、不同地区所用树种，以及农田防护林面积占森林草原区比例、占草原区比例、占轻沙土和坡地比例等，都做了重大调整。这些举措使得苏联的防护林建设工作真正走上健康轨道，大片防护林得以稳定存活和生长，为广阔的农田和牧场提供了长期而稳定的保护。

北非五国的“绿色坝工程”前期之所以效果不佳，原因在于没有完全弄清计划造林区域内各个地区不同水资源状况和环境承载力的情况下，就盲目用集约化的方式来强行推行高强度的防护林建设，结果导致成本过高、事倍功半，不但没有挡住沙漠扩张的势头，有时反而还对原有植被造成了破坏。

但是，后来的建设者们开始用生态学的观点来对待“绿色坝工程”建设，情况立即大不一样了。在规划范围内，以现有天然林而不是新造人工林为骨架，加强保护和管理；在宜林地段大面积营造人工林，对现有草场加以保护并积极引种改造，优化升级，同时规定放牧头数，遏制过度放牧，给草场以缓冲和喘息、复生的机会；在降水量能够稳定达到一定程度的地区，允许经营一定面积的农业，同时建设居民点，最终建成了以农、林、牧按协调比例相互结合的综合体。

截至 1984 年，“绿色坝工程”建设成片、成林带造林面积已经十分惊人，而且成活率、保存率均达 80% 以上。参与这个工程的北非五国中，阿尔及利亚的建设成就最为显著，因为阿尔及利亚是把国土整治、植树造林作为一项基本国策来抓，始终力度不减。在阿尔及利亚的赛伊达省，“绿色坝工程”建设效果喜人，极目望去，苍松似海，绵延数十千米，早期曾因人类过度开垦、放牧而荒凉退化的草场，以及原有的荒滩、荒坡，也都重新披上了浓浓的绿装。

国外三大著名林业生态工程当中，自始至终决策科学因而成效显著的是美国的“罗斯福造林工程”。1934 年，同样为了遏制过度放牧及开垦造成的土地沙化、黑风暴高频爆发等日益严重的生态问题，美国政府在研究其他国家防护林营造工作经验的基础上，制订了营造防护林计划的决议，并由总统罗斯福宣布实施

“大草原各州林业工程”，即后来简称的“罗斯福造林工程”。仅自1935至1943年，就营造了从北达科他州至德克萨斯州，纵贯美国中部，共跨6个州，南北长约1850千米、宽约160千米的巨型防护林带。

黑风暴

“罗斯福造林工程”实施过程中，美国政府在给予相关各州共3万余名农场主以造林资助，并充分征求意见、建议，尊重各自不同生产需求的基础上，由美国林务局根据不同地区土壤特点和土地实际利用情况，分门别类地确定了不同的造林方式。在适宜林木生长、能够吸收并保持水分的土地上，要求造一定长宽比例的小林带；在农田房舍周围营造防风林带，长宽比例也有专门要求；在大片不宜造林的区域，则按10%的比例选出可以植树的小块土地，用来营造小型片林等。整个造林工程实施期间，政府不断派人进行监测和评价，发现问题后及时提出修正方案，调整实施手段；政府还专门成立了土壤保持局，引导鼓励各州积极采取土壤保持措施，同时大力推广农田免耕、休耕和粮草轮作等新型政策；对数百万公顷容易发生旱灾的农田，则果断予以退耕还草，改为牧场；动员新垦地上的几十万居民举家迁往西海岸，使上千万公顷原本不该开垦的农田得到了自然退耕还草，全面实现“复活”的机会。这些举措，既使工程计划得以顺利实施，又最大限度地保证了各类人工林的顺利存活。

“罗斯福造林工程”实施后，黑风暴在美国彻底消失了。这个工程在国际上产生了巨大影响，从而极大地刺激了世界各国通过造林来治理生态的积极性。

“罗斯福造林工程”的成功和苏联调整造林措施、阿尔及利亚等北非国家改变造林理念等情况都再次说明，人类无法从宏观上控制和改变地球的自然规律和自然活动。如果人类不想改变自己，只想改变自然，就很难成功；只有一方面局部改造自然，给自然“治伤治病”，另一方面及时调整和改变自己的生产、生活方式，务求实现人类与自然的相互适应、良性互动，才能实现人类社会与自然系统的协同进化，才能达成双赢，才能从深层意义上达到人类的目标。

那么，在全球各个国家和地区都在探索实施防护林建设、试图恢复大自然原有生态系统的时候，我们中华民族在做什么呢？

我们的先辈

我们伟大的中华民族不但有着5000年未曾中断过的悠久历史，而且有着几乎同样悠久的植树造林传统。不论是看历史记载，还是现场看林木实物，都是如此，毋庸置疑。

《史记·五帝本纪》中有这样一句话："黄帝崩，葬桥山。"黄帝是谁？即轩辕黄帝，中国远古时期部落联盟首领，中华民族始祖，人文初祖；桥山又在哪里？在陕西省延安市黄陵县。桥山即为黄帝之陵，山丰土厚，林木茂密，山前有沮水三面环绕。

与其他地区不同，桥山的林木茂密因其历史悠久而堪称世界第一，山上古柏覆盖面积超过89公顷，有扁柏、圆柏、刺柏等古柏81600多棵，其中树龄在千年以上的就有3000多棵。最大的一棵，即是相传由黄帝亲手种下的"黄帝手植柏"，树龄已有5000多年。

其实，重视植树造林、改造自然环境，是中国历代帝王的一贯传统，因为大家都清楚地看到，片面向大自然索取，过度砍伐林木、开垦草地，只能带来大自然的报复；只有深刻反思自己的行为并改正，在适度索取的同时注意通过植树造林回报自然，让自然休养生息，才能实现长治久安。

黄帝画像砖

位于陕西省黄陵县轩辕庙院内的轩辕黄帝手植柏，高 20 余米，胸围 7.6 米。

4000 多年前的大禹就有这样的认识。他不但是治水英雄，而且是护林专家。他在治水期间，已充分认识到保护林木与防止水土流失、预防洪涝灾害的密切关系，发布了一道“封山禁令”：“春三月，山林不登斧，以成草木之长。”而据《中国森林史料》记载，后来的周朝也开始对森林实行正规管理，由大司徒“掌山林之政令”，行“物为之历而为之守禁”。到春秋时，“凡窃木者，有刑罚”已成为共识，不但在木材的利用上已有“攻木之工七，轮、与、弓、庐、匠、车、梓”等多种讲究，实行择伐作业，而且有了奖励植树造林的计划，形成了“人民每于庭房隅栽植树木，遗留于子孙”的普遍传统。

春秋战国之后的秦始皇，不但重视修筑高等级的交通干道以方便用兵或狩猎，而且还训令全国“随足五十步，树以青松”，一是为了便于计算交通里程，把树作为里程碑，二是为了给赶路的兵马或行人遮蔽日晒，三是为了保护道路，防止被雨水过度冲刷。这个决策，开了大范围道路两侧绿化的先河。当他因政治需要搞焚书坑儒时，烧书无数，却没有烧毁植树造林方法要诀之书，甚至还命令官员们好好收藏。

北魏的孝文帝，曾在太和九年专门下诏说："男夫一人，给田二十亩（1 亩约等于 666.67 平方米），课莳余，种桑五十株、枣五株、榆三根，限三年种毕。不毕，夺其不毕之地。"就是说，每个男性劳力在得到田地的同时，必须保证在耕种之余种下规定的林木，否则就会没收田地。这可是国家的明确要求，所以那时植树造林就在全国蔚然成风了。之后的隋炀帝，在组织开凿大运河这一庞大工程结束后，立即下令在运河沿岸大量种植性喜湿地、易于成活的柳树，而且还亲自带头去种，并给柳树御赐了他的本姓"杨"，结果就有了"杨柳"之说。

中国的北京，从辽代开始成为都城，当时叫"燕京"。也正是从那时起，燕京的植树造林工作始终得到历朝历代的高度重视。公元 997 年正月，辽圣宗耶律隆绪下令在都城周边广植树木，特别是在重要道路两侧"密植林木，以惠路人"，结果短短几年，燕京城便被绿树环绕了。公元 1153 年，金海陵王完颜亮迁都燕京，改称"中都"，11 年后，金世宗下令，让在顺着每座城门延展的道路两边都栽植柳树各百里（1 里等于 500 米），并劝乡民种植桑树，注意看护。为保证落实，金世宗还专门出中都丰宜门向南巡察 10 余里（5

千米），实地察看树木长势，发现有空缺时即令农人予以补种。

到了元朝，蒙古人改称中都为“大都”，重建都城。元世祖忽必烈带头倡导广植树木，特别是在道路两旁都要普遍栽植行道树，每株间隔不得超过两步，夏季可用来为行人遮阳，冬季大雪之后还能以树木为路标。忽必烈还专门委任了高级官员，定期察看树木种植、养护和成长等情况。

此后，明、清两朝的历代帝王，也都继续接力、不断加强京城的植树造林工作。清朝雍正皇帝就曾发布一道植树上谕：“舍旁田畔以及荒山不可耕种之处。度量土宜，种树木。桑柘可以饲蚕，枣栗可以佐食，桕桐可以资用。即榛楛杂木，亦可以提供炊爨。”这道上谕中，还告诫地方官吏要“各体朕拳拳忧民之意，实必奉行”，并要求对已种的树木要加以保护，“严禁非时之斧斤、牛羊之践踏、奸徒之盗窃，以为民利”。

而雍正的儿子乾隆皇帝在位时，也曾多次巡查京城的树木种植情况，并根据北京地区的气候和土质特点，提倡多植柳树和槐树。乾隆还把自己种植柳树的经验写成了一首诗：“堤柳以护堤，宜内不宜外。内则根盘结，御浪堤弗败。外惟徒饰观，水至堤仍坏。此理本易晓，倒置尚有在。而况其精微，莫解亦奚怪。经过命补植，缓急或少赖。治标兹小助，探源斯岂逮。”刻着这首诗的石碑，至今仍立在永定河金门闸东侧。正是这些持续不断的重视和努力，最终使得北京成为拥有古树名木达 4 万余株、花草植被遍布各处的“绿色之都”。

京城绿化在前进，其他地区也没有停歇，因为历朝历代在全国范围内重视植树造林的程度从来都没有减弱过。宋朝从开国皇帝赵匡胤开始，就对植树造林十分重视，对那些会种植的“能人”格外器重，不但免除他们的赋税，还会奖励那些能把“能人”们组织起来植树造林的官吏。宋徽宗赵佶则继续加大奖励力度，对在植树造林方面政绩突出的官员加官晋级，比如广东东路转运判官王觉，就因为开荒田万顷、取秃山造林而官升一级。

还有前面提到的元世祖忽必烈，他对植树造林的重视并不只是针对都城北京，而是面向全国，甚至把植树造林作为国家政策确定下来，并制定制度予以保证，严禁滥砍滥伐。他提出的“既有裨益，亦重观瞻”的要求，充分证明他已经认识到经济效益与景观效益相并重的原则，所以他才会在全国大修驿道的同时，还广植树木，像楮树、杨树、樟树等，都被广泛种植。

明朝开国皇帝朱元璋不仅在当时的都城南京亲自大抓植树造林，而且还“以农桑为立国之本”，规定全国百姓都要栽种一定数量的桑、枣、柿、栗、胡桃等树木，蓄意违抗或毁坏森林者将发配云南边陲去充军。到明朝永乐年间，皇帝朱棣迁都北京后不但在京城继续组织广种树木，而且还对全国发出禁令，规定凡盗伐林木达到十株者，即“廷杖四十”，还要“课以罚金”。我国东北兴安岭、长白山等地区大面积茫茫林海的形成和扩大，也是与清朝数代皇帝接力下令封山育林密不可分的。当时，清朝为了保护东北这块“满族发祥之地”，将东北的森林区域划为“四禁之域”，即禁止采伐林木、禁止采矿、禁止渔猎、禁止农牧，这个禁令持续了数百年之久，才使广阔森林得到了充分的发展壮大。

而我国古代的文人墨客，也从来没有放弃过对植树造林的深厚情感；无数的诗人词家，都曾在作品中表现过对树木花草的由衷热爱。东晋的陶渊明在其《归园田居》中写道：“羁鸟恋旧林，池鱼思故渊。开荒南野际，守拙归园田。方宅十余亩（1 亩约等于 666.67 平方米），草屋八九间。榆柳荫后檐，桃李罗堂前。”意思是说，笼中之鸟必会依恋旧时的树林，池中之鱼也会思念过去的深潭；到南边田野去开荒，固守纯朴，过田园生活。住宅四周 10 多亩（1 亩约等于 666.67 平方米）地上，盖有八九间草房。榆树和柳树遮盖着房前屋后，桃、李等果树排列堂前。这首诗充分体现了作者归隐田园、醉心耕作、怡然自得的淡泊快乐之情。

公元 819 年，唐朝大诗人白居易被贬为忠州（在今四川）刺史后，见到城外山岗一片荒芜，不禁感慨万分。为改变当地秃山荒岭的面貌，他亲自带领百姓们一同植树栽花，并且坚持不懈地亲自前去管理树苗，使得忠州境内绿荫匝地美不胜收。几年后白居易调任杭州刺史，一如既往地带领当地百姓大兴绿化，与百姓一起在西湖筑起一道长堤，堤上大种柳树，这就是有名的“白堤”。“持钱买花树，城东坡上栽。但有购花者，不限桃李梅。”这是白居易写下的关于植树造林的诗句，也是他内心情感的真实写照。类似的诗人和诗词，还有很多很多。

清朝灭亡、民国建立是中国历史上又一个翻天覆地的重要阶

航拍杭州西湖景区的白堤

段。但不论制度体制、社会阶级如何变化，植树造林都一直受到高度重视。辛亥革命以后，孙中山提出了在中国北部和中部大规模进行植树造林的计划，规划着农业现代化的远景。1912 年，孙中山任临时大总统的中华民国南京政府成立不久，即设立了农林部，下设山林司，主管全国林业行政事务；两年后，颁布了中国近代史上第一部关于林业的法律《森林法》。1915 年 7 月，在孙中山的倡议下，当时的北洋政府正式下令，规定以每年清明节为植树节，指定地点，选择树种，全国各级政府、机关、学校如期参加，举行植树节典礼并从事植树。自此，中国有了植树节。

1924 年，孙中山在一次讲演中强调："我们研究到防止水灾和旱灾的根本方法都是要造森林，要造全国大规模的森林。"此后，他在许多著作和讲演中，都曾反复强调毁林的危害性和植树造林的重要性。1925 年 3 月 12 日，孙中山先生逝世。后来，为纪念一贯倡导植树造林的孙中山先生，同时也考虑到原定的把清明节作为植树节对南方来说有点太迟，因此，国民政府于北伐完成后的 1928 年，通令全国“嗣旧历清明植树节应改为总理逝世纪念植树式”。自此，孙中山先生的逝世日 3 月 12 日成为中国沿用至今的植树节。

但是，回顾中华民族植树造林的历史，不难看出，不论朝廷和皇帝如何重视，全国范围内的植树造林活动都只能是全国各地的民众百姓“各自为战”，是以木材加工、美化环境或养殖需要为主要目的，没有提高到生态环境治理的高度。以前的人们受科学知识、经验能力所限，没有人能够真正从全国一盘棋的宏观层面和范畴去统筹策划、组织实施举国意义上的大规模植树造林工程。结果，表面上看是历朝历代都重视过植树造林，但这种点多面少的重视，根本敌不过中华民族总人口的迅猛增长对自然资源，特别是对林地、草地造成的破坏性开发。

中国历史上，曾经出现过好几次人口增长高峰期，每一次都对应着造成了森林覆盖率的大幅度下降。如清代前期的人口发展速度就比较快，全国人口总数由康熙朝的 8000 万左右，猛增到道光二十年（1840）的 41281 万人。与之相对应的是，这一时期全国的森林覆盖率从 33% 左右迅速下降到 17%。比如在河北省，位于太行山区的曲阳、阜平、鹿泉、井陉、涉县、武安等地区，有 9% ~ 18% 的村落形成于清代，山区村落数比明代增加了

14% 左右，而这显然就意味着人口和耕地数量的大幅度增加，相应地代表着原始林地面积的大幅度减少，即“人进林退”。

除了大规模的毁林开荒外，人口数量增长，文明程度提升，还会带来对森林资源的其他需求，如造车造船、宫室城镇及园林景观建设、做饭及取暖所用薪炭、军队营寨及战争期间的其他军事需求、开挖矿藏等。这其中，每一种需求都会造成对原始森林资源的极大破坏。当然，对原始森林资源破坏最大、时间最长的，主要还是为了解决吃饭问题而进行的大规模毁林开荒。

到清朝后期，中华民族又开始遭受帝国主义列强对包括森林木材资源在内的各类资源的疯狂掠夺。民国时期，不仅列强的掠夺没有停止，又加上军阀之间的各自为政、畸形发展和相互征伐，客观上进一步加剧了对原有资源的破坏。随后是日本帝国主义长达 14 年的侵华战争，对中国森林资源的掠夺和破坏更是如同吸血般疯狂。持续多年的战争对森林资源、生态环境的破坏，也是客观存在的。

更何况，在旧中国，从来都没有出现、也不可能出现像美国“罗斯福造林工程”、苏联“斯大林改造大自然计划”和北非五国“绿色坝工程”那样闻名世界的重大林业工程。

过去没有，不代表永远没有。1949 年 10 月 1 日，伟大的中华人民共和国宣告成立，而且实行的是具有强大优越性的社会主义制度。中华民族在举国范畴内实施世界级大规模成体系植树造林工程的时代，即将在艰难探索、跌宕起伏中揭开序幕。

第三章

中国雄心

与人类源于自然、适应自然、利用自然、改造自然、毁坏自然、补偿自然的总体进程相类似，我国对人与自然辩证关系的认识和把握，也曾走过很大的弯路。但是，得益于党和政府对生态文明建设的高度重视，得益于我们强大的社会主义制度的优势，一幅地球上从未有过的、以化荒漠为绿洲为目标的壮丽画卷，在中华大地的北方，波澜壮阔地展开了。

新中国成立伊始，党和政府就对植树造林、保护环境非常重视。但是，刚刚走出战争状态时，各个领域百废待举的薄弱基础，随后持续多年所面临的国际、国内复杂形势，以及一段时期内在保护环境与发展经济二者辩证关系理论研究上的相对欠缺，使得全国范围内的生态环境日趋恶化。到改革开放前夕，局面已经到了必须痛下决心、务求全面扭转的地步。随之诞生的，就是规模宏大、持续至今、举世瞩目的三北防护林体系工程。

新中国成立初期的可贵探索

众所周知，新中国是在一个何等薄弱的基础上诞生的。单从林业积累、生态环境上讲，可以说是惨不忍睹。表面上看，中华民族自古以来就有着植树造林的宝贵传统，历朝历代也都有过大量鼓励和保护植树造林的科学决策。但实际上，这些传统和决策，却又严重输给了持续不断的战乱和持续膨胀的人口。到 1949 年新中国成立之初，中国的森林覆盖面积仅占土地面积的 12.5%，荒山荒地多达 2.7 亿公顷。

荒山

面对如此严峻的现实，新中国的缔造者们深感责任重大。1949 年 9 月 21 日，新组成的中国人民政治协商会议召开了第一届全体会议。这次会议，不但研究确定了新中国的国名、首都、国歌、国旗、纪年等重要事项，而且还在正式通过的《中国人民政治协商会议共同纲领》中，明确提出了“保护森林，并有计划地发展林业”的方针，据此制定了一系列林业工作政策。

中华民族保护和恢复森林资源的新的一页，就此翻开。1950 年，党和政府提出了“普遍护林，重点造林，合理采伐和合理利用”的林业建设总方针；国家颁布的《关于全国林业工作的指示》，指出林业工作的方针是以普遍护林为主，严格禁止一切破坏森林的行为，在风沙水旱灾害严重地区发动群众有计划地造林。同年召开的第一次全国林业业务会议，也做出了“护林者奖，毁林者罚”的明确规定。全国各地各级政府纷纷组织群众成立护林组织，订立护林公约，保护森林树木，禁止滥砍滥伐。

1958 年 4 月，党中央、国务院发出《关于在全国大规模造林的批示》，同月还发出《关于加强护林防火工作的紧急指示》。同年 9 月，又下达了《关于采集植物种子绿化沙漠的指示》。1961 年 6 月，中央又做出《关于确定林权、保护山林和发展林业的若干政策规定（试行草案）》，表明党和政府抓林业工作的思路方针开始进入系统化、规范化阶段；1963 年 5 月，国务院颁布了新中国第一个有关森林保护工作的最全面、最权威的法规，即《森林保护条例》；1964 年，为进一步完善 1950 年提出的“普遍护林，重点造林，合理采伐和合理利用”的林业建设总方针，又提出要“以营林为基础，采育结合，造管并举，综合利用，多种经营”的新要求。1967 年 9 月，下发《关于加强山林保护管理，制止破坏山林、树木的通知》。与此同时，还积极致力于加速培养林业工作后备人才，成立了一批林学院、中等林业学校，在 10 多所农学院设立林学系，组建了涵盖林业科技管理、林业科学研究和林业情报等领域的专门机构，设置了一批试验基地和自然保护区，由此可见国家对造林、护林的决心和力度之大。

自新中国成立初期至 20 世纪 70 年代末期这段时间，党和政府对林业工作的重视程度，显然是近代以来历朝历代所没有过的。尤其是在当时国际形势风云变幻、时常面临外敌威胁的严峻形势下，能够从战略和长远角度出发，坚持不懈地加强林业工作，显得十分难能可贵。

那么，在持续不断的全国动员、政策频出、力度不减的情况下，中国森林资源有没有得到明显的发展呢?

答案是令人失望的，不但没有发展，相反还在退步。统计表明，到 20 世纪 70 年代末、80 年代初，全国森林覆盖率竟然不升反降，从新中国成立初期的 12.5% 下降到了 12%。从某种程度上讲，新中国成立以后 30 余年的努力，充其量只能算是遏制和减缓了自古以来特别是明清、民国时期森林覆盖率迅速下滑的总趋势。

原因何在?

触目惊心的严峻现实

回顾那段历史，造成全国林业建设情况不理想的根本原因就是认识不到位，不懂得从生态学的角度出发去统筹计划林业建设与开发、发展与生存、当前与长远的辩证关系。

现在看来，这是完全可以理解的，因为刚刚从战争硝烟中走来的各级政府、企业单位和社会民众，普遍缺乏科学的管理经验。具体到林业工作上，一方面是不断出台保护森林资源的政策规定，另一方面却是持续不断地向大自然过度索取。

那段时期，林业工作面临着三个方面的不利因素。

一是毁林种粮现象十分严重。新中国成立之后的一段时间，生产、生活物资匮乏，粮食短缺，于是，全国范围内出现了大规模毁林种粮现象。

二是木材生产规模几近失控。新中国成立后的 20 多年中，传统落后的林业经管管理思想一直占据着人们的头脑，执行的是以原木生产为中心的经营方针。森林仅仅被作为一种经济资源而存在，林业工作的首要任务被定位成生产木材。后期随着国民经济逐步恢复，各条战线、各个领域对木材及相关林产品的需求量不断加大，木材年产量逐年增长，从 1949 年的 567 万立方米到

砍伐的木材

1980 年的 3507.8 万立方米，增长了 6 倍多。

三是森林保护工作有名无实。尽管国家陆续下达许多关于保护林木的政策规定，但由于普遍认识不到位，在很多地方都没有引起足够重视，保护工作有名无实。虽然植树造林活动年年都搞，植树节年年都过，但重砍伐、轻营造的落后观念却最终导致了“年年植树不见树，岁岁造林难成林”的被动局面。据统计，截至党的十一届三中全会前，全国平均每年造林 315 万公顷，理论上累计造林超过 9000 万公顷，但实际成林面积却只有 2800 万公顷，保存率不足 1/3。这并不奇怪，本应以造林护林为主责的森工企业，都在追求“原木砍得越多越光荣”，超指标采伐，超期限采伐。

但我们又必须承认，当时的新中国面对着国外敌对势力的军事重压和经济封锁，又不能不首先保证加速发展。这种保生存的重大需要，也是导致对森林资源过度开发的一个深层次原因。

总之，造林、护林与毁林、用林的严重脱节，导致全国森林资源遭受惊人破坏，导致严重后果，很多地区出现大规模的水土流失，沙尘暴、泥石流、风灾、洪灾、旱灾等灾害也开始频频发生。

大自然对人们的报复，终于演变到了影响和制约人们生产、生活甚至生存的地步。而首当其冲的，受影响最严重的，就是自然生态环境基础原本就比较薄弱的东北、华北和西北地区，而三北地区从整体上对全国生态环境具有重大影响。

说起三北，特别是东北西部、华北北部、西北大部，很多人的印象就是沙漠戈壁、黄土连绵、风沙不断、人迹稀少，从空中看下去就好比祖国版图上的一大片伤疤。

但是，历史上的三北地区并非如此。正如前面所提到的那样，

尚未治理的戈壁滩

与全国各个地区情况相类似，三北地区也曾有过被绿色覆盖的壮美景象。如东北地区和内蒙古东部地区，山地、丘陵全都森林密布，平川则为一望无际的大草原。如甘肃省，秦汉时期曾经是“大山乔木，连跨数郡，万里鳞集，茂林荫翳”；皋兰山地区到明朝还是一片“绝顶青青立马看”“天晴万树排高浪”的壮观景象，会宁县的东山那时也是“重重赭林迷樵径”；至于永登地区，在清朝时还是“古树参天，清流遍地，幽旷绝尘，宛如武陵桃园”。而覆盖陕北、内蒙古的毛乌素沙漠，历史上也曾是有名的“卧马草地”，1500 年前更是“临广泽而带清流”“未有若斯之美”。三北中部的黄土高原地区，在古代也是被大面积的山地森林、平川草原所覆盖；华北北部包括现北京、天津和河北北部的广大地区，也曾林木遍地，水草丰美。

那么，后来为什么从“天下称富庶者莫如陇右”变成“苦瘠甲于天下”了呢？诚然，三北地区特别是现在看到的西北干旱荒漠地区，地处欧亚大陆腹地，高山环绕，多为大面积的沙漠戈壁，气候极其干燥，这是一个客观上比其他地区严酷得多的不利因素。但综合起来看，三北地区生态环境的恶化，主要还是因为人类特别是现代人类的过度活动所致。

表面上看，1977 年三北地区的森林覆盖率达到 5.05%，比新中国成立初期上升了 2%，但整个三北地区却依然是全国最突出的“无林少林”地区。尤其是风沙区，虽然新中国成立以来一直在加大力度植树造林，但森林覆盖率最高不超过 2%，黄河中游

正在遭受沙尘暴侵袭的新疆和田地区

水土流失重点地区的森林覆盖率也只有 5% 左右。当时的三北地区，风沙、干旱、水土流失、冰雹和霜冻“五灾”俱全，木料、燃料、饲料和肥料“四料”奇缺，各个方面的资源供需矛盾都始终得不到有效解决，严重影响到国家整体建设规划和综合安全布局，而且这种影响的规模之大，远非其他省份和地区所能相比。

当时，从东北的黑龙江到西北的新疆，八大沙漠、四大沙地、广袤戈壁绵亘不绝，形成了一条令人生畏的万里风沙线，总面积达 148 万平方千米，约占全国沙化土地面积的 85%。在这一地区，风蚀沙埋严重，沙尘暴频繁，流沙压埋农田、牧场、村庄，威胁公路、铁路、水利设施等的安全。从 20 世纪 60 年代初到 70 年代末，有 667 万公顷土地沙漠化，有 1300 多万公顷农田遭受风沙危害，粮食产量低而不稳，有 1000 多万公顷草场由于沙化、盐渍化导致牧草严重退化，有数以百计的水库变成沙库。在 20 世纪 50 ~ 60 年代，三北地区沙漠化土地每年扩展 1560 平方千米；到 20 世纪 70 ~ 80 年代初，沙漠化土地面积每年扩展达到 2100 平方千米。

而且，那时的三北地区大部分区域年降水量不足 400 毫米，干旱等自然灾害十分严重，水土流失面积达 55.4 万平方千米，黄土高原的水土流失尤为严重，每年每平方千米流失土壤万吨以上，相当于每年刮走 1 厘米厚的表土。黄河每年流经三门峡的 16 亿吨泥沙，使黄河下游河床平均每年淤沙 4 亿立方米，下游部分地段河床高出地面 10 米，成为地上“悬河”，导致母亲河成了中华民族的心腹之患。

过度的人类活动、干旱、风沙危害和水土流失等综合起来导

黄河壶口瀑布

致的生态灾难，严重制约着三北地区的经济和社会发展，使各族人民长期处于贫穷落后的处境，同时也是对中华民族的生存和发展极其严峻的挑战。如果再不果断采取有效措施，沙漠化危害将在可预见的十年内夺去数十万公顷良田，水土流失将持续造成每年数十亿元的损失；上亿人的生存已经受到严重威胁，中国将面临空前的西部人口大迁移，就连首都北京也处于沙漠化危害的步步紧逼之下了。

三北地区，同样也是中华民族的发祥地之一，是历代政治、经济、文化的重要活动地区。万里长城、丝绸古道、敦煌石窟、黄帝陵寝、成吉思汗墓，以及其他众多的古老文化遗址遍地皆是。但是，曾经的辉煌，如今已被沙漠包围，深处水土流失的危害之中。

严峻而残酷的现实，终于促使政府清醒地认识到，对三北这样地域辽阔、气候干燥、位置重要、环境严酷、积欠已久的特殊地区，那种分散的、自发的、缺乏系统长远思维的生态改造工作，常常会顾此失彼、事倍功半，甚至可能功亏一篑。只有下大决心，集大力量，用体系化思维，使科学化方法，行战略化之举，才能从全局上、根本上、长远地实现三北地区林业建设和生态环境的本质转变。

前无古人的宏大规划

1978 年初，一批专家、学者提出了《关于在我国北方地区建设大型防护林带的建议》，引起中央重视，邓小平同志和国务院几位领导很快做出肯定性、方向性的重要批示。一大批专家被邀请到北京，开始酝酿如何从宏观上、全局上加强三北地区的林业工作，扭转生态环境持续恶化的被动局面。紧接着，全国多所大专院校、科研机构和有关部门的数千名专家被召集起来，对三北地区各方面情况进行深入考察，先后得出 100 多万个数据，拿出多套实施方案和建议。在此基础上，三北地区各级林业部门也都分别制订了既适合本地当前实际情况，又着眼长远的未来发展规划。

1978 年 5 月，国家林业总局在西安召开三北地区有关省区林业局局长会议，具体研究，形成了覆盖三北地区的全局防护林体系建设规划。同年 11 月 3 日，国家计委正式批准三北防护林体系建设工程上马；11 月 25 日，国务院向三北各省（区、市）批转了国家林业总局《关于在西北、华北、东北风沙危害和水土流失重点地区建设大型防护林体系的规划报告》，即三北防护林体系建设的一期工程规划，确定三北防护林建设工程作为重点项目列入国家计划，按照基本建设程序组织实施。

就在这份244号文件中，国务院强调指出："我国西北、华北及东北西部，风沙危害和水土流失十分严重，木料、燃料、肥料、饲料俱缺，农业生产低而不稳。大力种树种草，特别是有计划地营造带、片、网相结合的防护林体系，是改变这一地区农牧业生产条件的一项战略措施。各有关省（区、市）要把这项建设工程列入农田基本建设工程规划，统筹安排，采取有力措施，按期完成防护林建设规划规定的各项任务，为实现新时期的总任务做出贡献。"

1979年9月28日，党的十一届四中全会通过的《中共中央关于加快农业发展若干问题的决定》中，明确提出："要集中力量营造西北、华北、东北一线防护林体系。"1981年3月8日，《中共中央、国务院关于保护森林发展林业若干问题的决定》中，再次明确提出："要坚韧不拔地抓好西北、华北北部和东北西部防护林体系。"

1979年11月2日，国务院下发通知，决定成立三北防护林建设领导小组,同时成立了国家林业部西北华北东北防护林建设局（现更名为国家林业和草原局西北华北东北防护林建设局）。1980年5月4日，国务院再次发文，强调指出："建设西北、华北北部和东北西部的防护林体系，是我国一项具有战略意义的重大工程。各有关省区和有关部门，一定要加强领导、大力协作，及时研究解决工作中出现的各种问题，坚持不懈地把这件事办好。"

不论从哪个角度讲，三北防护林体系工程都堪称中华民族林业发展史上的伟大壮举，也是人类历史上规模最大、耗时最长的一次以补偿自然、改造自然为宗旨的宏大工程，堪称前无古人。

根据国家经济社会发展计划和三北防护林体系总体构想，三北工程确定的是分阶段和分期建设的目标。总期限预计 73 年，分三个阶段、共八期工程。三个阶段，即第一阶段 1978 ~ 2000 年，其中包括第一期 1978 ~ 1985 年、第二期 1986 ~ 1995 年、第三期 1996 ~ 2000 年；第二阶段 2001 ~ 2020 年，其中包括第四、五两期，每期 10 年；第三阶段 2021 ~ 2050 年，其中包括第六、七、八期，每期同样为 10 年。

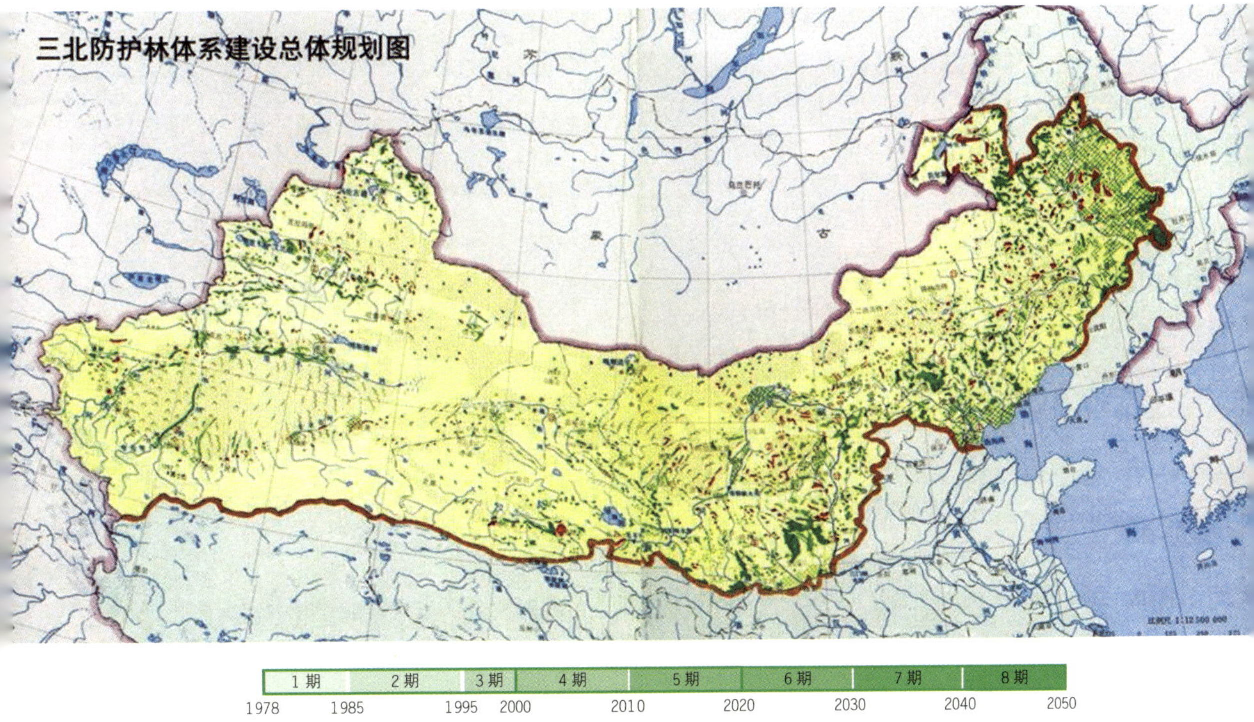

三北工程建设范围包括 13 个省、自治区和直辖市的 551 个县级行政区，总面积 406.9 万平方千米。规划建设 73 年，分 3 个阶段、8 期工程进行，规划造林面积 3770 万公顷，重塑天蓝、地绿、水清的美好家园。

最先制定完成的，是第一阶段三期工程的建设目标。其中，一期工程的目标是：到 1985 年，要让万里风沙线上的 667 万公顷耕地和 334 万公顷基本草场、牧场得到保护，粮食和牧草产量实现明显提高；水土流失严重的 115 个县的森林覆盖率由 5% 提高到 18%，水土保持作用明显发挥，抗御自然灾害的能力明显增强，木料、燃料、饲料、肥料俱缺的状况得到缓解，改善这一地区的农牧业生产和人民生活。

二期工程建设的目标是：到 1995 年，在保护好现有森林植被、巩固提高第一期工程造林成果的基础上，继续进行人工造林、飞播造林、封山封沙育草育林，扩大森林植被，力争到二期末有 50 个县（旗）实现绿化，建一批带、片、网有机结合，农、林、牧比例协调的区域性防护林体系，三北地区的森林覆盖率由最初的 5.9% 提高到 7.7%，进一步减轻风沙危害和水土流失，林业产值和收入有较大幅度的增长。

三期工程建设的目标是：到 2000 年，三北地区的森林覆盖率将提高到 10% 以上，约有 2670 万公顷农田得到林网保护，70% 的农田实现林网化，年增产粮食 1300 多万吨；另有 2000 万公顷草场得到保护，增产牧草 750 万吨；使 25 万平方千米的水土流失面积得到治理，占应治理面积的 50% 以上；使 10 万平方千米的沙漠化土地得到治理；到 20 世纪末，在东北西部和内蒙古东部、京津和河北东北部、黄土高原、毛乌素沙地、新疆绿洲等地区将分别建一批不同等级的区域性防护林体系，有 30%

左右的县实现三北防护林体系总体规划确定的建设目标；使三北地区的环境质量得到很大改善，人口容量明显增强，为 21 世纪中西部地区的开发建设奠定坚实基础。

按照 1978 年国务院批准的一期工程规划，建设范围为 11 个省、自治区的 324 个县（旗、市、区）；到 20 世纪 80 年代初，将范围扩大为 12 个省、自治区、直辖市的 406 个县（旗、市、区）。到编制二期工程规划时，又将建设范围作了适当扩大。后来，根据国家整合六大林业重点生态工程、启动京津风沙源治理工程的需要，又从三北防护林体系工程总体规划范围中划出 86 个县，作为京津风沙源治理工程的建设范围，然后将东北三省的 98 个县纳入三北防护林体系建设范围。

到这时，这一宏伟工程的总规模就已经基本确定下来，即西起新疆维吾尔自治区的乌兹别里山口，东至黑龙江省宾县，北抵国界线，南沿天津、汾河、渭河、洮河下游、布尔汗达山、喀喇昆仑山，东西长 4480 千米，南北宽 560 ~ 1460 千米，覆盖了北京、天津、河北、山西、内蒙古、辽宁、吉林、黑龙江、陕西、甘肃、青海、宁夏、新疆 13 个省、自治区、直辖市的 600 个县（旗、市、区），建设总面积达 407 万平方千米，占我国陆地总面积的 42.4%，接近祖国的半壁河山。在这个庞大的区域内，聚居着汉、满、朝鲜、蒙古、回、维吾尔等 22 个民族，总人口 1.67 亿。

这是一幅何等宏大的蓝图！

而后来分别完成的第二阶段两期工程即第四和第五期的建设

目标，则是将这一蓝图做了新的拓展延伸。其中，四期工程建设的目标是：到2010年，工程建设区内森林覆盖率增加1.84%，建成一批比较完备的区域性防护林体系，初步遏制三北地区生态恶化的趋势；在沙区，用10年左右的时间，使40%的沙化土地得到初步治理，使风沙危害程度和沙尘暴发生频率有所降低。毛乌素、科尔沁、呼伦贝尔三大沙地基本得到治理，生态环境有较大改善。在水土流失区，使50%以上的水土流失面积得到基本治理，治理区的土壤侵蚀模数下降30%以上，流入黄河的泥沙量明显减少。在平原农区，以现有农田防护林为基本框架，建成多林种，多树种，带、片、网相结合的高标准农田防护林体系。

五期工程建设的目标是：在各个风沙区，以治理沙化土地为重点，大力开展造林和封育，建成乔、灌、草相结合的防风固沙防护林体系；在西北荒漠区，以保护天然荒漠植被为重点，加强以封育保护为主、以典型荒漠生态系统为主的自然保护区建设，建成以沙生灌木为主的荒漠绿洲防护林体系；在黄土高原丘陵沟壑区，以小流域治理为主、以干、鲜果品水土保持兼用林为主，建成生态经济型防护林体系；在东北、华北平原农区，以改善农业生产条件为重点，坚持建设、改造和提高相结合，建带、片、网相结合的高效农业防护林体系。到2020年五期工程结束时，三北地区完成造林1647.3万公顷，森林覆盖率提高2.27%，50%以上的可治理沙化土地得到初步治理，60%以上的退化林得到有效修复，70%以上的水土流失面积得到有效控制，80%以上的农田实现林网化；在有条件的区域，建成大规模、集中连片、比较完备的区域性防护林体系……

按照上述规划构想，到总计73年期限的建设任务全部完成后，三北地区林地总面积将由1977年的2314万公顷扩大到6084万公顷，森林覆盖率由5.05%提高到14.95%，林木蓄积量由7.2亿立方米增加到42.7亿立方米，林业年产值由9亿元增加到210亿元；平原、绿洲农田全部实现林网化，水土流失区侵蚀模数降低到轻度以下；沙地和沙化土地得到有效治理，风沙危害和水土流失得到有效控制，沙漠面积不再扩大。

到2050年，三北地区风沙区中的农业地区和半农业地区的森林覆盖率将提高到10%，包括五大商品粮基地在内的600多万公顷耕地和300多万公顷草场、牧场，都将初步得到有效保护；黄河中游水土流失地区的森林覆盖率，将由1977年的5%提高到18%，长期存在的燃料、饲料、肥料俱缺的问题也将得到基本解决。那时，三北地区的生态环境和人民群众的生活条件，将从全局上、根本上得到改善。

毫无疑问，三北防护林体系建设是需要几代人接力奋斗才能完成的宏大事业，展现了举世无双的超常规模、举国上下的共同愿望、前所未有的豪情壮志、专业缜密的科技支撑。

归纳起来，国家之所以能够以如此惊人的雄心、如此之大的力度，全面铺开三北防护林体系建设，主要是基于以下三个战略考虑。

第一，改善生态环境，减少自然灾害，维护生存空间。

许多年来，三北地区因人类过度活动、干旱、风沙危害和水土流失导致的生态灾难，严重制约着当地经济和社会的发展，使各族人民长期处于贫穷落后的境地，同时也对中华民族的生存和发展构成严峻挑战。

实践早已证明，“治水之本在于治山，治山之本在于兴林”是符合自然规律的必然要求。解决生态灾难，只能通过改善生态环境来完成，而大规模、成体系地植树种草，又是改善生态环境的根本措施。

所以，建设三北防护林体系工程，不仅对改善三北地区生态环境起着决定性作用，而且对改善全国生态环境也有着举足轻重

黑龙江省大庆市杜蒙自治县治沙造林（牟景君 摄）

的关系。

第二，促进经济发展，加快脱贫致富，实现持续发展。

三北地区地域辽阔，光热资源充足，物种资源多样，矿产资源丰富，人均农地、草地面积均高于全国平均水平，是我国重要的畜牧业基地和极具开发潜力的地区；已经发现的矿产有 170 多种，约占全国总量的 70%，其中有多种矿产在全国乃至全世界都占有明显优势，是我国重要的能源、冶金和重化工基地。

但是，三北地区一直以来植被稀少，农村木料、燃料、肥料、饲料俱缺，农业生产低而不稳，农村经济发展缓慢，人民生活水平低下。尤其是恶劣的生态环境严重制约着区域经济社会发展，人民群众脱贫致富非常困难。

建设三北防护林体系工程，不仅对促进当地经济社会发展、帮助群众早日脱贫致富具有非常重要的现实意义，而且对于从全局上促进我国国民经济社会快速可持续发展也具有重要的战略意义。

第三，加强民族团结，实现共同繁荣，巩固北部国防。

三北地区是我国典型的多民族聚居区，有22个民族在这里生活。千百年来，各族人民在这里生息繁衍，创造了光辉灿烂的华夏文明。但是，由于生态环境的变迁、恶化，由于极其复杂的历史原因，三北地区经济发展始终非常缓慢，与中东部地区的差距不断扩大。

同时，三北地区战略地位又十分突出，有我国重要的国防基地。仅以三北防护林体系工程区为例，横跨我国北方大部，同俄罗斯、蒙古等10多个国家接壤，国境线长达7000千米。

建设三北防护林体系工程，改善生态，促进经济发展，才能使各族群众安居乐业。这不仅对增强民族团结、实现各民族共同繁荣有着重要意义，而且能够对维护国家安全、巩固国防建设起到积极而明显的作用。

所以，不论从哪个角度讲，建设三北防护林体系工程都是形势所迫、大势所趋、势在必行、功在千秋。

尽管面临着诸多现实和未知的困难，但中华民族历史上这一伟大的工程，就如同一幅壮丽的画卷，在党和国家的统一部署、在各级地方政府和广大人民群众的密切配合下，在占祖国陆地面积近一半的北部，建设三北防护林体系工程波澜壮阔地展开了。

第四章 泽被华夏

时光如梭，岁月如歌。转眼间，三北防护林体系工程已经实施了40多年，也就是说三北防护林体系建设规划的73年的一多半时间已经过去了。近些年来，凡是乘车去过三北地区，或者乘飞机从三北地区上空飞过的人，都会不由自主地惊叹，这片广袤的大地，已经不再是过去以黄沙漫漫为主要特征的贫瘠模样了。比如水土流失最为严重的黄土高原，早已永久披上了大片大片的绿装。如果驱车从古都西安一路向北，过延安、到榆林，沿途所见，皆为葱翠。这种变化，足以用天翻地覆、沧桑巨变来形容。

目前，三北防护林体系建设的第二阶段即将结束，开始实施六期工程（2021 ~ 2030 年）。那么，之前五期的工程建设究竟是个什么样的总体情况，又达成了什么样的效果呢？

概括地说，三北防护林体系建设确实是一项举国之力的国家行动，规模之庞大、内容之丰富、过程之艰苦、效益之显著，都堪称“世界第一”，绝非其他国家那种局部的、分散的、短期的类似工程建设所能相提并论的。

40 多年阔步前进

三北防护林体系建设，从一开始就是按照科学的建设思想和总体目标去实施的。所谓建设思想，就是在保护好现有植被的基础上，大力开展植树造林，建立一个符合三北地区自然和经济规律，高生产力的、自然与人工相结合的、以木本植物为主体的庞大植物群体。所谓总体目标，就是通过大规模植树造林，使三北地区的风沙危害和水土流失得到治理，从根本上改变三北地区生态面貌，改善人们的生存条件，促进农牧业稳产、高产，提高人民生活水平，维护生态安全、国土安全、粮食安全。

为确保这一思想得到贯彻、这一目标能够实现，确定了事关长远和大局的思路原则，那就是从实际出发，紧密结合群众生产和生活，因地制宜，因害设防，由近及远，先易后难，有重点、有阵地地推进；实行防护林、经济林、薪炭林、用材林、四旁植树相结合，带、片、网相结合，乔、灌、草相结合，造、封、管相结合，植苗造林、直播造林、飞播造林、封山育林和多种造林方式相结合。

正是按照这样的思想、目标和原则，一期工程即 1978~1985 年的建设，在三北地区 194 个重点县全面展开了。建设的重点，是以营造农田防护林、牧场防护林、重点地区防风固沙林、水土保持林为主体的防护林建设。

在此期间，工程建设者们把握和实现了“三个突破、一个改变”。一是突破了过去单纯强调营造“用材林”的片面做法，改为以防护林为主体、多林种相结合；二是突破了过去单搞林带的陈旧模式，实行带、片、网相结合；三是突破了过去栽树就栽乔木的老式框框，实行乔、灌、草相结合，在降雨量 400 毫米以下的地区以灌木为主；四是改变了过去单纯依靠人工造林的落后思想和做法，实行封山育林与人工造林相并重。

在沙漠里打草方格

人定胜天（一捆草重几十千克，每人每天要背 10 多趟）

也正是因为有这样的大胆突破和科学改变，才使得三北防护林体系建设没有滑到过去那种事倍功半的被动轨道上去，而是从一开始就沿着正确的、现代的模式规范发展。

1986 年，为期 10 年的二期工程全面展开。这个阶段的建设思路是：在继续巩固一期成果的基础上，坚持以保护和发展植被、改善生态环境为主要目的，同时特别注意经济效益，既考虑防护作用，又注意市场需要，开始由生产型向生产经营型转变，力争少投入、多产出、早产出，增强防护林建设自身的经济活力要求。

二期工程建设思路上的这一变化，是随着国家经济体制的改革与深化而形成的，目的就是进一步调动人民群众投身工程建设的积极性、主动性和创造性，为此提出了建设生态经济型防护林体系的指导思想，就是以生态效益为主，生态、经济和社会效益有机结合，生态治理与经济相协调，生态建设与群众脱贫致富相统一，改变单一生态型防护林体系建设模式，实现“农、林、牧，土、水、林，带、片、网，乔、灌、草，多林种，多树种，林、工、商”7个相结合，使防护林体系达到结构稳定、功能完善、相互兼顾，增强工程建设自身的持续发展能力。

1996年，为期5年的三北防护林体系三期工程建设正式启动。在一期建设生态型防护林体系、二期建设生态经济型防护林体系的基础上，三期工程进一步拓展、转变为将农田防护林为主的区域性防护林体系作为工程建设的重中之重，在计划资金上优先予以保证，在科技推广上重点给予支持，在政策措施上优先予以扶持，目的就是更加充分地发挥防护林体系的综合效益。

在此期间，为搞好协调、统一管理，国家林业部决定三北防护林体系建设工程和治沙、黄河、辽河四大林业生态建设工程，全部归属三北建设局统一负责组织实施。这个决定，充分体现了国家将三北防护林体系建设纳入国家统一战略布局的意志，对推进三北防护林体系建设的健康发展产生了极为有利的长远影响。

2001年，三北防护林体系建设进入第四期，同时也是第二阶段建设的开端期。与前三期相比，四期工程建设把防沙、治沙作为主攻方向，力求在管护好现有森林资源的基础上，因地制宜地采取造、封、飞三种造林方式，大力植树种草，扩大和恢复森林植被，防止沙漠化，减少水土流失，优化生态环境，并根据不同类型区域治理的需要，分别营造农田牧场防护林、防风固沙林、水土保持林和水源涵养林等，建设结构合理、稳定、高效的防护林体系，全面实现从数量扩张型向质量效益型的重大转变。

内蒙古自治区东部的通辽市科左中旗西伯花沙地经过两年治理的前后地貌对比图

就在四期工程即将结束的 2009 年 8 月 15 日，国务院办公厅下发了《关于进一步推进三北防护林体系建设的意见》（简称《意见》），从 6 个方面对进一步加强三北防护林体系建设提出了更明确的要求和更严格的标准。

《意见》强调，加快三北防护林体系工程建设，要按照“发展现代林业、建设生态文明、促进科学发展”的总体要求，遵循自然规律、经济规律和社会发展规律，围绕防沙、治沙和水土保持两大任务，大力保护和扩大林草植被，建立和巩固国土生态安全体系，促进人居环境和生态状况不断改善，为区域经济社会协调发展奠定良好的生态基础。要坚持生态效益优先，生态效益、经济效益与社会效益相结合；坚持统筹规划、突出重点、分步实施，全面推进与重点治理相结合；坚持科技兴林、因地制宜、因害设防，自然修复与人工治理相结合；坚持深化改革、创新机制，国家投入与社会参与、政府主导与市场调节相结合；坚持依法治林，加强现有森林资源保护，实行保护与建设相结合。

可以说，这个《意见》是党和国家对三北防护林体系建设几十年来巨大成就的充分肯定，而且将其上升到了事关国土生态安全的高度，是对未来进一步加强建设力度、加快建设步伐的全力推动。

三北防护林体系建设，昂首阔步进入了全新的历史发展阶段。到四期工程建设结束时的2010年，整个三北地区已经全然不是过去那种风沙肆虐、荒漠扩张的可怕模样，而是举目葱翠欲滴，遍地生机勃勃。

治理后的宁夏回族自治区中卫市的腾格里沙漠

40 多年功勋卓著

2017年，为全面总结和评价三北防护林体系建设的奋斗历程、建设成效、基本经验等，国家林业局委托中国科学院作为第三方评估机构，对三北工程40年来的建设情况进行了综合评价。

为了确保评价工作的严肃性、科学性，中国科学院和国家林业局专门成立了综合评价工作领导小组，设立了由5位院士领衔的专家顾问组，组建了评价技术组，统筹开展评价工作。

整个评价工作历时一年多时间，先后有100余名专家和技术人员参与，利用了遥感解译数据、生态系统定位站、气象站、水文站等数据和动态监测、抽样统计、实地调研、生态效益评价等手段，采取定量测算与定性评价相结合的方法，对三北地区的森林资源消长、沙化土地、水土流失、农田林网、森林碳汇、生态服务功能价值、气候变化等各个方面，进行了全面评估，其中，仅大规模实际野外踏勘就达7万多千米，最终编制形成了《三北防护林体系建设40年综合评价报告》（简称《评价报告》），并请专家进行了论证。专家一致认为，《评价报告》指导思想明确，技术路线正确，评价方法先进，数据翔实可靠，评价结果科学，结论可信。之后，《评价报告》被正式分别上报了党中央、国务院。

那么，在这次为期一年多的全面评价中，以及在之后形成的《评价报告》中，人们看到的是怎样的一个三北防护林体系，又是怎样的一个三北地区呢？

《评价报告》显示，三北防护林体系工程40多年累计完成造林面积4614万公顷，是规划造林任务的118%；造林保存面积3014万公顷，森林总面积净增加2156万公顷，森林蓄积量净增加12.6亿立方米；工程区森林覆盖率由1977年的5.05%上升到现在的13.57%。三北地区水土流失治理成效显著，水土流失面积相对减少67%，其中防护林贡献率达61%；农田防护林有效改善了农业生产环境，提高低产区粮食产量约10%；在风沙荒漠区，防护林建设对减少沙化土地的贡献率约为15%；生态系统固碳累计达到23.1亿吨，相当于1980至2015年全国工业二氧化碳排放总量的5.23%。区域经济社会综合发展得到促进，共吸纳农村劳动力3.13亿人，累计接待游客3.8亿人次；特色林果业、森林旅游经济等对群众稳定脱贫贡献率达到27%。

总的来看，三北防护林体系工程40多年的建设，主要有以下五个方面的显著成就和巨大贡献。

第一，划时代地实现了万里沙地由沙逼人退到绿进沙退的重大转变。

40多年来，三北工程建设主攻防沙、治沙，广大工程建设者采取封、飞、造、改相结合的办法，在东起黑龙江、西至新疆的万里风沙线上，累计治理沙化土地30多万平方千米，保护和恢复沙化草原 1000 多万公顷，毛乌素、科尔沁、呼伦贝尔三大沙地全部实现了土地沙化的逆转，结束了沙逼人退的历史。工程区年均沙尘暴日数从 6.8 天下降为 2.4 天，其中，京津冀地区由 5.1 天下降到不足 1 天。

地处塔克拉玛干沙漠边缘的新疆阿克苏，经过各族干部群众的艰苦奋斗，在昔日亘古荒原上建起了一道由近 7 万公顷林海构筑的绿色长城，森林覆盖率由 1985 年的 3.35% 提高到现在的

已变得满目苍翠的新疆那拉提草原云杉林

8.8%，林果总产值达 130.8 亿元。2017 年，阿克苏全年空气优良天数为 159 天，优良率达 43.6%。

陕西省榆林市，地下矿藏资源十分丰富，但地面却曾经是以荒漠为主，新中国成立初期的林木覆盖率只有 0.9%，如今已猛增到 33%，境内 57 万公顷流沙全部得到可靠固定，昔日的“风沙王国”华丽转身变成了绿树茵茵的“塞上江南”。

第二，划时代地实现了黄土高原由荒山秃岭到群山叠翠的重大转变。

40 多年来，三北工程在以黄土高原为主的水土流失区，坚持以小流域为治理单元，实行山、水、田、林、路统一规划，按山系（流域）整体治理，规模推进，累计治理水土流失面积 44.7 万平方千米，工程区水土流失面积相对减少了 67%。黄河、海河、松花江等流域森林覆盖率大幅提升，输沙量逐年下降。

目前，重点治理的黄土高原林草覆盖度接近 60%，约 60% 的水土流失面积得到不同程度的控制，年入黄河泥沙减少 4 亿吨左右，呈现出群山叠翠、层林尽染的喜人景象。

素有革命圣地之称的陕西省延安市，按照“整流域治理、规模化推进”的思路，坚持一座山接着一座山治、一条沟接着一条沟绿、一代接着一代干的信念，如今全市累计完成造林面积 230 万公顷，森林覆盖率由原来的 10% 提高到 46.35%，土壤侵蚀强度明显减轻，年入黄河泥沙量由 2.58 亿吨减少到 0.31 亿吨。延安大地，经历了由黄到绿、由绿变美的历史性转变，从过去的荒

经过治理后的陕西省延安市荣获“国家森林城市”称号

山秃岭变为了现如今的满目青翠。2016 年，延安市荣获了“国家森林城市”称号。

第三，划时代地实现了农业生产由三刮四种到林茂粮丰的重大转变。

40 多年来，在东北、华北、黄河河套等平原农区，大力营造农田防护林，初步建成了以农田防护林为框架，多林种、多树种并举，带、片、网，乔、灌、草结合，农、林、牧彼此镶嵌，互为补充、互为一体的区域性防护林体系，使工程区近一半的农田

黑龙江水源涵养林

得到林网的有效庇护，彻底根除了危害农业生产的三刮四种现象，减轻了干热风、霜冻等灾害性气候对农业生产的危害。据科学测算，仅农田防护林的防护效应就使工程区年增产粮食 1060 万吨。

所谓三刮四种，是指种子刚刚下地就会被狂风刮走，只好再种，一年之中不断反复，令人头痛不已。这种被动局面已经成为历史。在东北地区，农田防护林体系基本建成，成为保护东北“大粮仓”的绿色屏障。2017 年全国十大产粮县，全部是东北农田防护林建设的达标县。黑龙江松嫩、三江两大平原农田林网化程度高达 75% 以上，2017 年全省粮食总产量与 1977 年相比增长了 5 倍多，成为我国北粮南运的主要输出省。

第四，划时代地实现了林业产品由四料俱缺到相对丰富的重大转变。

40 多年来，三北工程坚持建设生态经济型防护林体系的指导思想，统筹生态治理与民生改善协调发展，建成了一批星罗棋布、各具特色的用材林、经济林、薪炭林、饲料林基地，有效改善了木料、饲料、燃料、肥料俱缺的状况。

工程区内，森林资源面积由 1978 年的 2060 万公顷增加到 2017 年的 5910 万公顷；活立木蓄积量由 1978 年的 7.2 亿立方米增加到 2017 年的 33.3 亿立方米；木材储备量达到 18.3 亿立方米；营造薪炭林 92.9 万公顷，年产薪材近 800 万吨，解决了 700 多万户农民的烧柴问题；经济林面积达到 406 万公顷，年产干鲜果品 4800 万吨，与 1978 年相比增长了近 30 倍，其中苹果、红枣、梨、核桃等十大品种，年产量均超过全国总产量 50% 以上，有 1500 万人依靠特色林果业实现了稳定脱贫。新疆特色林果面积已达 147 万公顷，年产量 1000 多万吨，其中南疆环塔里木盆地特色林果面积达 113 万公顷，林果收入占农民人均收入的 30% 以上，主产区达到了 40% ～ 50%。特色林果产业已成为南疆覆盖范围广、惠及人口多、发展潜力大的富民产业。

第五，划时代地实现了生态建设由行业行为向社会行为的重大转变。

40 多年来，三北工程建设探索走出了一条国家补助、社会参

王有德

牛玉琴

与、群众投工投劳相结合的生态建设道路，广大人民群众担当了工程建设的主力军。据统计，群众投工、投劳折资占工程建设总投资的 53%。涌现出了一大批以王有德、石光银、牛玉琴等为代表的英雄模范人物，培育了陕西延安、山西右玉、新疆阿克苏等一大批先进治理典型，铸就了以“艰苦奋斗、顽强拼搏”为核心的三北精神，创造了全民植树、造林、种草，全社会植绿、护绿的成功范例。

位于毛乌素沙地边缘的山西省朔州市右玉县，全县沙化土地面积一度高达 76%，面临着沙进人退、举县搬迁的生存危机。历届县委书记坚持治沙造林，一任接着一任干，一张蓝图绘到底，全县林木覆盖率由新中国成立初期不到 0.3% 提高到现在的 54%，近 2000 平方千米荒芜的塞上高原变成了绿色海洋，县域内年平均降水量较周边地区增多三四十毫米，年均气温已从新中国成立初期的 3.6 摄氏度上升至 5.2 摄氏度，无霜期从不足 100 天增长到 123 天，地表径流和河水含沙量较以前减少 60%，走出了一条北方生态脆弱地区和贫困落后地区成功践行“绿水青山就

被绿色覆盖的山西吕梁（绿水青山就是金山银山）

是金山银山”伟大理念的发展之路。

就在 2017 年形成前四期《评价报告》的同时，国家对第五期工程的进展情况也进行了调查统计，结果同样是令人振奋的：

在黄土高原地区，新增水土流失治理面积达 5.4 万平方千米，600 多条小流域得到了治理，年入黄泥沙减少 4 亿吨左右。黄河上中游各干流年输沙量明显下降，兰州、石嘴山、头道拐和潼关监测站年输沙量分别比多年平均值下降了 81.97%、61.73%、62.96% 和 93.42%，农田、水源涵养、固碳释氧以及生物多样性保护也因此受益；累计完成防风固沙林 101.42 万公顷、水土保持林 72.52 万公顷、水源涵养林 17.39 万公顷、农田牧场防护林 14.56 万公顷，不仅促进了三北地区农牧业综合生产力提高，农牧业稳产、高产，还获得了数十亿元的经济效益。同时，通过统筹兼顾森林资源培育与提质增效，工程区森林生态系统结构与功能得到进一步优化和完善，有效保护了生物多样性，促进了生态系统平衡。据测算，全部成林后，每年生物多样性保护效益可达234.22亿元。

此外，五期工程期间，三北地区还新增经济林面积267万公顷，新增产量1200万吨，新增产值500多亿元，433万人依靠发展特色林果业实现了稳定脱贫。各地积极引种开发大果榛子、油用牡丹、肉苁蓉、双季槐、皂角等新兴林业产业，初步建成了6万多公顷的梭梭林和6万多公顷的大果榛子等一批新兴产业基地；通过发展森林观光、生态疗养、游憩休闲等新兴服务业，三北地区走出了一条“不砍树能致富”的新路子，已经累计接待游

位于河北省承德市坝上地区的塞罕坝森林公园

客3.8亿人次，旅游直接收入达480亿元……

40多年接力奋斗、征战不息，40多年功勋卓著、泽被华夏。一道抵御风沙、保持水土、护农促牧的绿色长城，已经在中国北疆巍然崛起。

2018年11月30日，全国绿化委员会、国家林业和草原局在北京召开三北工程建设40周年总结表彰大会，一大批工程建设先进集体、先进个人和“绿色长城奖章”获得者受到隆重表彰。

更加激动人心的是，就在会议召开之前，中共中央总书记、国家主席、中央军委主席习近平同志对三北工程建设做出重要指示。习近平总书记强调，三北工程建设是同我国改革开放一起实施的重大生态工程，是生态文明建设的一个重要标志性工程。经过40年不懈努力，工程建设取得巨大生态、经济、社会效益，成为全球生态治理的成功典范。当前，三北地区生态依然脆弱。继续推进三北工程建设不仅有利于区域可持续发展，也有利于中华民族永续发展。要坚持久久为功，创新体制机制，完善政策措施，持续不懈推进三北工程建设，不断提升林草资源总量和质量，持续改善三北地区生态环境，巩固和发展祖国北疆绿色生态屏障，为建设美丽中国做出新的更大的贡献。

中共中央政治局常委、国务院总理李克强也对三北工程做出批示，他指出，40年来，经过几代人的艰苦努力，三北防护林体系建设取得巨大成就，在祖国北疆筑起了一道抵御风沙、保持水土、护农促牧的绿色长城，为生态文明建设树立了成功典范。要牢固树立新发展理念，坚持绿色发展，尊重科学规律，统筹考虑实际需要和水资源承载力等因素，继续把三北工程建设好，并与推进乡村振兴、脱贫攻坚结合起来，努力实现增绿与增收相统一，为促进可持续发展构筑更加稳固的生态屏障。

| 40 多年名扬天下 |

作为伴随着我国改革开放而启动建设的大型林业生态工程，三北防护林体系从建设伊始就受到了国内外的广泛关注，引起强烈反响，产生了广泛而积极的影响，有力地提升了我们国家在全世界的声誉和地位。

1979 年 1 月，《人民日报》《中国青年报》发表团中央、林业部《关于动员全国青年迅速投入建设北方绿色万里长城》的联合通知。全国各地的共青团员、普通青年纷纷踊跃向上级写信，要求参加三北防护林体系建设，“把自己当作一棵草，给荒漠增添一点绿色”。

人民日报
RENMIN RIBAO
努力掌握先进技术 严格执行规章制度
国家批准建设北方“绿色万里长城”
向外国专家学习 提高技术水平
平反冤案的历史借鉴

《人民日报》报道三北工程

1979 年 2 月下旬，新华社两名记者从华北到西北，沿着风沙线做了一次万里旅行采访，然后编发了《一项造福人民的伟大工程》《从典型看希望》《“绿色万里长城”的蓝图应当怎样画？》三篇新闻稿，对三北防护林体系建设工程进行了全面深入的详细报道，产生了巨大的社会反响。随后举行的一些世界性林业会议，都要求我国代表介绍三北防护林体系的建设情况，许多国家表现出了学习考察取经的浓厚兴趣，联合国粮农组织还专门提供了粮食援助，有的国际友人在感动之余寄来捐款。

随着三北防护林体系建设的不断深入和扩张，随着保护和改善生态环境日益成为国际政治、经济和社会广泛关注的焦点和热点，三北工程的国际地位日益提升，影响力进一步增强，国际间的交流与合作日趋活跃。

工程建设中，三北地区有德国、日本、美国、意大利等 25 个国家和全球环境基金、世界银行、联合国粮农组织、联合国开发计划署等 10 多个国际组织和社会团体援助的林业或以林业为主体的项目达 58 个，援助资金超过 16 亿元人民币，援助领域涉及防治荒漠化、湿地恢复与重建、治理水土流失、林木育种与改良、机械化造林、森林病虫害防治、林业产业开发、科技推广体系建设、森林资源监测管理和信息系统等多个方面，在三北地区的各省、自治区、直辖市都有分布。这些外援项目的成功组织实施，为扩大三北防护林体系建设的影响、加快工程建设步伐、提高工程建设质量、开拓工程建设发展思路，都起到了极大的示范推动作用。此外，还先后有 50 多个国家、地区和国际组织的领导人、技术人员，到三北地区考察三北防护林体系工程建设情况。

早在第二期工程启动的第二年，即 1987 年的世界环境日，联合国环境规划署就给三北防护林体系建设局授予了“全球环境保护先进单位”奖章，给予了“世界生态工程之最”的美誉。由于当时已经看到三北防护林体系的广阔前景和巨大价值，我们的党和国家领导人更是十分欣慰，于 1989 年亲笔为三北防护林体系建设工程题词“绿色长城”，予以嘉勉鼓励。许多外国通讯社也相继发表消息，对这一工程给予充分肯定，英国《泰晤士报》甚至称赞这一规划构想“将成为人类历史上征服自然的壮举”！

1989 年，邓小平同志题词“绿色长城”

2017 年 6 月，国家林业局组织了来自缅甸、老挝、斯里兰卡、巴基斯坦、澳大利亚、埃塞俄比亚、肯尼亚、坦桑尼亚等 14 个国家的驻华使节，以及联合国防治荒漠化公约秘书处、联合国世界粮食计划署、联合国环境规划署等国际组织代表共计 19 人，参观走访了我国甘肃兰州、武威等地的三北工程治沙现场等三北防护林体系工程建设情况。这些使节无不感到耳目一新，纷纷为三北工程点赞。联合国防治荒漠化公约秘书处亚太中心代表杨有林表示：“要让中国的防沙治沙经验技术走向国际。”

“走近中国林业——外国使节看三北”活动现场

1 年后的 2018 年 6 月，国家林业和草原局又组织了一次“走近中国林业——外国使节看三北”的考察及座谈活动，来自乌拉圭、德国、南非、智利、巴基斯坦、越南、日本、老挝、斯里兰卡、澳大利亚的使节，考察了山西省吕梁、临汾、运城 3 市的 7 个县共 13 个林业生态建设现场，深入了解三北工程区水土流失治理、湿地保护、乡村振兴、兴林富民等方面的建设经验和成果。他们在座谈交流发言中不约而同地表示，可持续发展是世界各国的共同目标，而中国林业在生态建设和扶贫攻坚等方面付出的巨大努力是有目共睹的；特别是三北工程，为中国乃至世界做出了贡献，在多领域提供了国际样板，希望能够有更多的机会，加强与中国的合作，包括派人参与三北工程，借以学习经验，以及希望中国派三北建设专家到其国家去现场指导等。

2018 年，三北防护林体系工程因其取得的重大建设成就，被联合国经济与社会理事部授予“联合国森林战略规划优秀实践奖”。而在美国纽约联合国总部举行的“2019 年度国际森林日庆祝活动”中，又特意将我国三北防护林体系工程作为保护和恢复森林的突出贡献案例，邀请工程建设管理机构的负责人出席活动并做主题发言，就工程建设在生态环境、社会效益、文化价值等方面做出的成绩和积累的经验，进行了交流和分享。

无数事实证明，三北防护林体系工程前 40 多年的建设，与“人类历史征服自然的壮举”这一美誉完全相配，足以令国人长久自豪！

按照最初的总体建设规划，三北防护林体系工程到 2050 年方告结束。下一步，三北工程将以建设“美丽三北”为目标，以推动林草资源总量、精准提升森林质量为重点，开展大规模国土绿化行动，统筹山、水、林、田、湖、草系统治理，构筑更加稳固的北方生态安全屏障；到 2020 年，工程区森林覆盖率提升到 14% 左右，草原质量继续提升，北方生态安全屏障骨架基本建成；到 2035 年，提前 15 年完成工程总体规划目标，森林覆盖率提高到 15% 以上，林草质量明显提升，三北地区生态环境根本好转，美丽三北目标基本实现；到 2050 年，在风沙区，西北荒漠区，黄土高原区，东北、华北平原区建成功能完备的生态安全屏障。

毫无疑问，在如此旷日持久、面积巨大、内容复杂的重大工程建设过程中，党和国家的坚强领导、各地各级政府的坚持不懈、广大林业工作者的拼搏奉献、亿万人民群众的积极参与，都是三北防护林体系建设取得成功的重要保证。

但是，仅有这些是不够的，是不可能取得如此显著的辉煌成就的。在三北防护林体系建设的过程中，尤其是到后期，还有一个重要的“法宝”被投入其中并得到广泛利用，而且还始终在发挥着保驾护航、催化推动的巨大作用，是三北工程领导者、建设者们手中不可或缺、少走弯路、事半功倍的独特“利器”。这个“法宝”，或者说“利器”，就是航天科技。

第五章 全新时代

很多人都未曾想到，规模庞大、覆盖广泛的三北防护林体系在建设过程中，尤其是从中期开始，就伴随着我国航天事业的迅猛发展，得到了各种航天科技成果的强力支撑和推动。事实上，就在这几十年间，中国已经势不可挡地成为了名副其实的航天大国；航天事业已经当之无愧地成为承载中华民族数千年之飞天梦和未来实现民族复兴大业之中国梦的重要支撑。

仰望星空，满怀好奇与向往，是人类作为高级智慧动物出现以来就一直具有的一个典型特征。当然，其他动物有些也会偶尔朝天上看，但却不会想着飞上去了解一下天上与地下到底有什么区别。只有人类，才会这样。

作为全球唯一拥有5000年文化传承的中华民族，在对天空的好奇与向往上，历来也是走在前列的。很早以前，我们就拥有天文、历法，拥有对地外天体运行规律的观测记录，拥有无数文人墨客对日月星辰的抒情描写，拥有嫦娥奔月这样美丽而又凄婉的古老传说。

而且，我们还最早出现了亲自试验乘坐火箭飞上天空的先驱，那就是明朝洪武年间的陶成道。陶成道是浙江金华人，曾被明太祖朱元璋封为“万户”，但他却是一位不爱官位、偏爱科学的探索者。晚年时，他为了验证自己的创想，把47个自制的火箭绑在椅子上，自己坐在上面，双手各举一个大风筝，然后让仆人点燃火箭，试图借此一飞冲天。

然而不幸的是，火箭爆炸了……尽管陶成道的努力不幸失败，而且还为此壮烈牺牲，但他借助火箭推力升空并利用风筝返回地面的方案和壮举，却是全人类的第一次。因此，“万户”被全球各国公认为“真正的载人航天始祖”。为了永远纪念这位先驱，国际天文联合会于20世纪70年代将月球上的一座环形山正式命名为“万户”。

600多年后的今天，我们完全有理由相信，陶成道的在天之灵一定是非常欣慰的，因为他一定能看到，中华民族的航天大军正在以不可阻挡之势向太空进发！

图腾般的“东方红”卫星

这是一个令全球华夏儿女都将永远为之振奋和自豪的时刻。

1970 年 4 月 24 日，新中国第一颗人造地球卫星“东方红一号”从酒泉卫星发射中心成功发射，卫星自动播放的《东方红》乐曲响彻寰宇，震惊世界。自此，中国成为继苏联、美国、法国、日本之后，第五个成功发射卫星的国家。

新中国的航天时代，就此真正开启；遨游太空的“东方红一号”卫星，也成了中华民族图腾般的存在。

“东方红一号”卫星是近似球形的 72 面体，直径约 1 米，采用自旋姿态稳定方式，转速为每分钟 120 转，在近地点 430 千米左右、远地点 2040 千米左右的近地椭圆轨道上绕地飞行，绕地球一圈约 114 分钟。飞行中，要完成探测地球电离层和大气层密度等任务，同时在太空播放《东方红》乐曲。

地面人员正在接收“东方红一号”发射的信号

受当时技术所限，“东方红一号”没有安装太阳能电池板，而是采用蓄电池供电。“东方红一号”卫星不仅顺利通过了太空极端环境的考验，更圆满完成了国家提出的 4 项技术要求。

不要因为“东方红一号”的实际工作寿命只有 20 多天，就以为它的水平不怎么样。在中国之前成功发射人造地球卫星的 4 个国家中，苏联于 1957 年 10 月 4 日发射的“伴侣一号”，质量为 83.6 千克；美国于 1958 年 1 月 31 日发射的“探险者一号”，质量为 8.22 千克；法国于 1965 年 11 月 16 日发射的“阿斯特克斯一号”，质量为 42 千克；日本于 1970 年 1 月 11 日发射的“大隅号”，质量为 24 克。而我们的“东方红一号”质量是 173 千克，超过上述 4 颗卫星质量的总和！

“东方红一号”卫星

直到今天，我们的“东方红一号”依然在太空中沿着固定轨道自由翱翔。与之相伴、仍在飞行的，是法国的“阿斯特克斯一号”。这是因为，这两颗卫星的运行轨道，近地点都是500千米左右。到这个高度，空气分子已经非常稀薄，空气阻力几乎可以忽略不计。因此，“东方红一号”完全可以继续运行数百年之久，而不必担心它会因与稠密空气分子不断摩擦而降低速度和高度。

辉煌的背后，是无尽的挫折与磨难。“东方红一号”发射成功，也是从无数艰难险阻中一路走来的。

中国人发射人造地球卫星的设想萌发于苏、美相继成功发射卫星之后，即20世纪50年代末期。根据毛泽东主席的指示，党的八届二中全会结束后不久，有关部门就召开会议，决定启动探空运载火箭、卫星本体的研制，并在上报中央的《关于十二年科学规划执行情况的检查报告》中正式提出要研制人造地球卫星。

1958年，国家派出考察团赴苏联实地参观人造地球卫星研制生产情况后，在总结报告中指出：“鉴于目前我国科学技术和工业基础的薄弱状况，发射人造地球卫星的条件尚不成熟，建议先从探空火箭搞起。”

最终，“1960年发射中国第一颗卫星”的计划被取消。万幸的是，作为重要基础性工作的探空火箭研制计划，由于具备较强可行性，没有被一并取消，并且在20世纪60年代初取得了重要突破。

1964年，中国的“东风二号”导弹、原子弹相继试验成功，弘扬了国威，振奋了人心，已经被偃旗息鼓好几年的人造地球卫星计划，再次成为热议话题和关注焦点。

1965 年 1 月，钱学森、赵九章等科学家纷纷提出制定新的人造地球卫星研制计划的建议。同年 8 月 2 日召开的中央专委第 12 次会议，决定按照“由简到繁，由易到难，从低级到高级，循序渐进，逐步发展”的思路，启动人造地球卫星制造和发射工程。同时要求，中国第一颗人造地球卫星要比苏联和美国的第一颗卫星先进，比如质量大、发射功率大、工作寿命长、技术新、听得见等。

随后，卫星本体研制、运载火箭研制、测控系统研制等关键工程部分同时展开，并逐步取得突破性进展。

中央于 1966 年 12 月做出决定，将人造地球卫星研制任务交由国防科委全面接管负责。经过一系列紧张的推动、研究、决策之后，国防科委空间技术研究院于 1968 年 2 月 20 日正式成立，由钱学森任院长，全面负责人造地球卫星的研制工作。

钱学森于 1967 年秋任命，后来成为“两弹一星”元勋、获得国家最高科学技术奖，但当时只有 38 岁的孙家栋，负责第一颗人造地球卫星的总体设计。

按照中央要求，勇挑大梁的孙家栋带领科技人员，在前期工作成果的基础上，重点在卫星的“上得去、抓得住、看得见、听得到”等关键问题上狠下功夫。

所谓“上得去”，是指必须保证发射成功；所谓“抓得住”，是指必须准确入轨、实时测控。这两个要素，是发射人造地球卫星最起码的要求，而且随着“长征一号”火箭和测控体系的建立，已经基本得到解决。而“看得见”和“听得到”，难度就大多了，而且中央对“看得见”的要求是指人们在地球上用肉眼就能看见，“听得到”是指在地球上用收音机能够听到卫星播放的讯号。

由于当时设计的卫星直径只有 1 米左右，表面也不是镜面那样铮亮，因此飞到数百千米的高空后，从地球上不可能凭肉眼看得见。为解决这个问题，孙家栋他们想出了一个巧妙的办法，就是在第三级火箭上加装一个直径达 3 米、用反光材料制成的观测球。进入太空、卫星被弹出后，观测球也被打开，紧贴在卫星后面一同飞行。从地面看上去，就如同一颗明亮的星星。于是，“看得见”的任务完成了。

而要“听得到”，难点在于如何让普通群众听得明白、听得信服，所以必须选用大家都熟悉的乐曲，而不是滴滴答答的工程信号。研制人员建议应当播放《东方红》乐曲，得到中央批准。经过多次试验，终于找到了最合适的办法，结果证明效果很好，满足了“听得到”的要求。

在原来几乎一片空白的测控体系建设方面，经专家提议、多方权衡，最终决定于 1970 年初在喀什、湘西、南宁、昆明、海南、胶东建立 6 个地面观测站。经过观测，表明这套测控网络系统性能可靠，足以完成对未来“东方红一号”的实时监测和控制任务。

1970 年 1 月 30 日，用于发射“东方红一号”的“长征一号”

三级运载火箭试射成功，卫星计划又向前迈进了一大步。

1970 年 4 月 24 日，“东方红一号”从酒泉卫星发射中心顺利升空。很快，全世界就都从收音机里听到了《东方红》的乐曲。而 4 月 24 日这个特殊的日子，后来也成了“中国航天日”。

自“东方红一号”卫星震惊世界之后，我国又相继完成了试验性的“东方红二号”研制发射任务，紧跟着又推出了实用性的“东方红三号”和“东方红四号”。尤其是从“东方红三号”开始，卫星的服务舱都具备了搭载不同功能仪器、组成多种类别卫星的能力，到“东方红四号”时即已形成“东方红”通信卫星系列，一举跨入国际卫星通信发展先进行列。其中，仅利用“东方红四号”大型平台完成的民用、商用通信卫星发射任务，就已实现 17 次之多，除中国自身外，合作国家有委内瑞拉、巴基斯坦、尼日利亚、玻利维亚、老挝、白俄罗斯等，标志着中国卫星事业已经走出国门，开始大量参与国际市场竞争。

中国航天人的目光远不止于此。2010 年，着眼于未来 20 年大功率通信卫星的需求，高承载、大功率、长寿命、可扩展的新一代“东方红五号”卫星平台开始立项研制，基于这一全新平台的超大容量宽带通信卫星试验星发射成功后，将是中国通信卫星事业处于国际通信卫星发展前列的重要标志。

满打满算，从 1970 年“东方红一号”成功上天到现在，也才不到 50 年。但是如今，中国研制、发射并投入使用的卫星，已经达到了令人吃惊的数百颗之多；其类别，也绝不仅仅是“东方红”通信卫星系列这一种，还有返回式遥感卫星系列、气象卫星系列、实践科学探测与技术试验卫星系列、地球资源卫星系列、北斗导航定位卫星系列、海洋卫星系列等多个类别。

这是何等的成就、何等的辉煌！

承载梦想的载人航天

2003 年 10 月 15 日是中华民族历史上又一个载入史册的日子。就在这一天的上午 9 时整，由我国自行研制的“神舟五号”载人飞船，从酒泉卫星发射中心发射升空。9 分 50 秒后，飞船准确进入预定轨道。

这是中国首次进行的载人航天飞行，而乘坐“神舟五号”上天、成为“中华民族成功飞天第一人”的，是时年 38 岁的航天员杨利伟。他在太空中围绕地球飞行了 14 圈，历时 21 小时 23 分，经过 60 万千米的安全飞行后，于 16 日 6 时 23 分成功着陆，顺利返回地球。

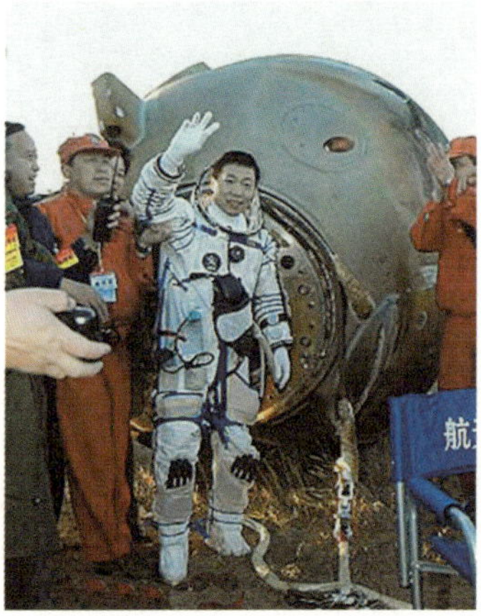

“神舟五号”载人飞船（杨利伟安全返回地球出舱照片）

明朝的陶成道试图飞天，虽然付出了生命的代价，却没有成功；所谓嫦娥奔月，也只是一个美丽而凄婉的传说。而杨利伟这次开创性的飞天之旅，却毋庸置疑地标志着中国已经成为全世界继苏联、美国之后，第三个能够独立开展载人航天活动的国家。

中国航天，再次震惊世界。

一飞冲天，绝非一日之功。事实上，中国进行载人航天研究的历史，可以追溯到 1970 年“东方红一号”卫星上天之后不久。当时，担任国防部五院院长的钱学森就提出中国要搞载人航天，国家随后批准了专门的项目。但由于当时的中国无论是研制队伍、开发经验，还是综合国力、工业基础，都与开展载人航天研究相差甚远，只好将这个项目搁置一边。直到 1992 年 9 月 21 日，中央才再次决定实施载人航天工程，并确定了“三步走”的发展战略。

第一步：载人飞船阶段，发射载人飞船，建成初步配套的试验性载人飞船工程，开展空间应用实验。

第二步：空间实验室阶段，突破航天员出舱活动技术、空间飞行器的交会对接技术，发射空间实验室，解决有一定规模的、短期有人照料的空间应用问题。

第三步：建造空间站，解决有较大规模的、长期有人照料的空间应用问题。

此时的中国，已经不再是几十年前基础薄弱、贫穷落后的模样，社会主义制度下集中力量办大事的高度优越性，更是得到了充分发挥。中国的载人航天工程，开始按照“三步走”的预定计划，进入了整体突破、捷报频传、硕果累累的全新阶段。

1999年11月20日凌晨，中国第一艘无人飞船“神舟一号”，从酒泉卫星发射中心顺利升空，经过21小时的飞行后顺利返回地面。

2001年1月16日19时22分，中国第二艘无人飞船“神舟二号”按预定计划在太空飞行7天后，在内蒙古中部地区成功着陆。“神舟二号”是中国载人飞船系列中第一艘“正样”无人飞船，由轨道舱、返回舱和推进舱3个舱段组成，其技术状态与实际载人的飞船基本一致，而且它的发射完全按照实际载人飞船的环境和条件进行，凡是与航天员生命保障有关的设备，基本上都采用了真实件。

2002年3月25日，搭载人体代谢模拟装置、拟人生理信号设备和形体假人，能够定量模拟航天员呼吸和血液循环等重要生理活动参数的“神舟三号”飞船发射升空，于同年4月1日返回地面。结果表明，飞船工作正常，预定试验目标全部达到，试验获得圆满成功。

在连续3次预先飞行试验次次成功、技术更加成熟、经验更加丰富、性能更加可靠的基础上，经进一步完善研制而成的“神舟四号”飞船于2002年12月30日发射成功，并圆满完成了对地观测、材料科学、生命科学、空间天文和空间环境探测等任务。

至此，为送航天员上天所做的各项试验均已结束，条件完全

杨利伟在“神舟五号”飞船里

成熟。随着航天员杨利伟乘坐“神舟五号”飞船顺利升空，中华民族数千年的飞天梦想一举成为现实。

随后，中国人的飞天之举一发而不可收。

2005 年 10 月 12 日 12 时 9 分，我国第二艘载人飞船“神舟六号”在酒泉卫星发射中心顺利升空，将航天员费俊龙、聂海胜同时送入太空。在经过 115 小时 32 分钟的绕地飞行后，飞船返回舱顺利着陆。这是中国首次实现“多人多天”太空飞行、首次完成真正意义上有人参与的空间科学实验，也是全人类的第 243 次载人太空飞行。

“神舟五号”和“神舟六号”飞行任务的圆满完成，标志着中国载人航天工程“三步走”的第一步目标，已经顺利实现。

3年后的2008年9月25日，我国第三艘载人飞船“神舟七号”成功发射，3名航天员翟志刚、刘伯明、景海鹏乘着飞船顺利升空。27日16时48分，刘伯明在轨道舱内实施协助，指令长翟志刚身着我国研制的“飞天”舱外航天服，进行了19分35秒的出舱活动。翟志刚在太空迈出的这一步，是中国人的第一次太空行走，使中国一举成为世界上第三个掌握空间出舱活动技术的国家。9月28日傍晚，“神舟七号”飞船在顺利完成空间出舱活动和卫星伴飞、卫星数据中继等一系列空间科学、技术试验任务后，成功返回地球。

2012年6月16日18点37分24秒，我国第四艘载人飞船“神舟九号”于酒泉卫星发射中心成功发射，3名航天员景海鹏、刘洋、刘旺顺利升空。其中，航天员景海鹏是第二次参加飞行任务，而

翟志刚在太空挥舞五星红旗

刘洋则成为中国首位参加载人航天飞行的女航天员。18 日 11 时左右，“神舟九号”飞船转入自主控制飞行，14 时左右与先期发射上天的我国首个目标飞行器和空间实验室“天宫一号”实施自动交会对接。6 月 29 日 10 时，飞船安全返回地面。

中国首位女航天员刘洋

2013 年 6 月 11 日 17 时 38 分，我国第五艘载人飞船“神舟十号”成功发射，将航天员聂海胜、张晓光和王亚平 3 位航天员送入太空，其中，王亚平是我国第二位飞入太空的女航天员。“神舟十号”在轨飞行共 15 天，其中有 12 天是与“天宫一号”顺利交会对接并组成组合体后，一并在太空中飞行，航天员成功进驻“天宫一号”，开展了航天医学实验、技术试验及太空授课等活动。这是中国载人天地往返运输系统首次进行应用性飞行，获得圆满成功。

2016 年 10 月 17 日 7 时 30 分，我国第六艘载人飞船“神舟十一号”从酒泉卫星发射中心成功发射，将航天员景海鹏、陈冬送入太空，其中，景海鹏是第三次参加飞行任务，成为中国首位“三巡苍穹”的英雄航天员。19 日凌晨，“神舟十一号”飞船与先期发射上天的我国第二个空间实验室“天宫二号”成功自动交会对接，景海鹏顺利打开“天宫二号”的舱门，并与陈冬相继进入，开展了地球观测、空间地球系统科学、空间应用技术、航天医学

"神舟十一号"发射场景

等领域的应用和试验。

"神舟十一号"是中国载人航天"三步走"计划中由第二步到第三步的一次重要过渡，在太空飞行时间长达33天，是6次载人航天飞行时间最长的一次。2016年11月18日13时33分，飞船顺利返回着陆。

至此，中国先后进行了6次载人航天飞行，共有11名航天员进入太空。在此期间，中国先后发射了空间实验室"天宫一号"和"天宫二号"，在太空中建立了自己的"根据地"；所有上天开展科学研究的航天员，都能拥有舒适可靠的"驿站"，甚至是"小家"了。

作为中国空间实验室起点和雏形的"天宫一号"，全长10.4米，最大直径3.35米，由实验舱和资源舱组成，是中国第一个目标飞行器，于2011年9月29日在酒泉卫星发射中心成功发射，设计在轨使用寿命两年。"天宫一号"顺利升空，标志着中国载人航天工程"三步走"战略迈入了第二步的第二阶段，即掌握空间交会对接技术并建立空间实验室。

自2011年11月至2013年6月，"天宫一号"先后迎接了

“神舟八号”无人飞船和“神舟九号”“神舟十号”载人飞船，每次都顺利进行了交会对接，而且通过承担大量科研任务，实现了由单纯交会对接目标飞行器向空间多用途载人航天试验平台的转变，完成了各项主要使命。

在历次等待与神舟载人飞船相会的日子里，“天宫一号”也没有闲着，它一直在源源不断地向地面发送探测到的轨道大气环境信息和空间带电粒子辐射信息，关注着我国的水文国土，为开展地质调查、资源勘查、土地荒漠化评估、水文生态监测以及环境污染成分和污染源头分析提供了大量第一手的宝贵信息，直到2016年3月16日才正式终止数据服务。

2018年4月2日8时15分，超期服役两年多的“天宫一号”，在地面人员的控制下，主动离轨，降低高度，再入大气层。绝大部分器件在再入大气层过程中烧蚀销毁，少量残骸落入南太平洋中部区域。

而就在“天宫一号”结束使用、主动离轨之前的2016年9月15日22时4分，中国自主研发的真正意义上的第一个空间实验室“天宫二号”，从酒泉卫星发射中心顺利发射。

“天宫二号”的主要任务是完成航天员中期驻留，考核面向长期飞行的乘员生活、健康和工作保障等相关技术；放飞伴随小卫星；开展较大规模的空间科学实验、空间应用试验、航天医学实验、航天育种研究，以及其他一批体现科学前沿和战略高技术发展方向的科学与应用任务；接受“天舟一号”货运飞船的访问，考核验证推进剂在轨补加技术等。

2016 年 10 月 19 日 3 时 31 分，“神舟十一号”飞船与“天宫二号”自动交会成功对接，两名航天员顺利进入。第二天，“天宫二号”与“神舟十一号”进行了组合体飞行期间的首次轨道维持，降低了轨道高度，由原先的倒飞状态转为正飞。10 月 23 日，“天宫二号”的伴随卫星被成功释放。其他实验、探测任务，特别是空间冷原子钟实验、γ 射线暴瞬时辐射高精度偏振探测、空地量子密钥分配试验等重点项目，也全都顺利完成，而且普遍获得最佳结果。11 月 17 日，“神舟十一号”飞船与“天宫二号”空间实验室成功实施分离，两名航天员启动返回地球之旅。至此，他们在“天宫二号”工作生活了 30 天，创造了中国航天员太空驻留时间的新纪录。

就在他们即将返回前的 11 月 9 日，中共中央总书记、国家主席、中央军委主席习近平来到中国载人航天工程指挥中心，与驻在“天宫二号”内的航天员景海鹏、陈冬通话，令天上、地下的航天工作者都备受鼓舞。

2017 年 4 月 22 日 12 时 23 分，中国第一艘货运飞船“天舟一号”到达太空，与“天宫二号”成功会合，并相继进行了多次自动交会对接及分离实验、推进剂多次在轨加注补充实验和其他一批空间实验项目实验。

所有这些，都为将来在太空建设中国自己的空间站，奠定了坚实的理论、技术和经验基础。

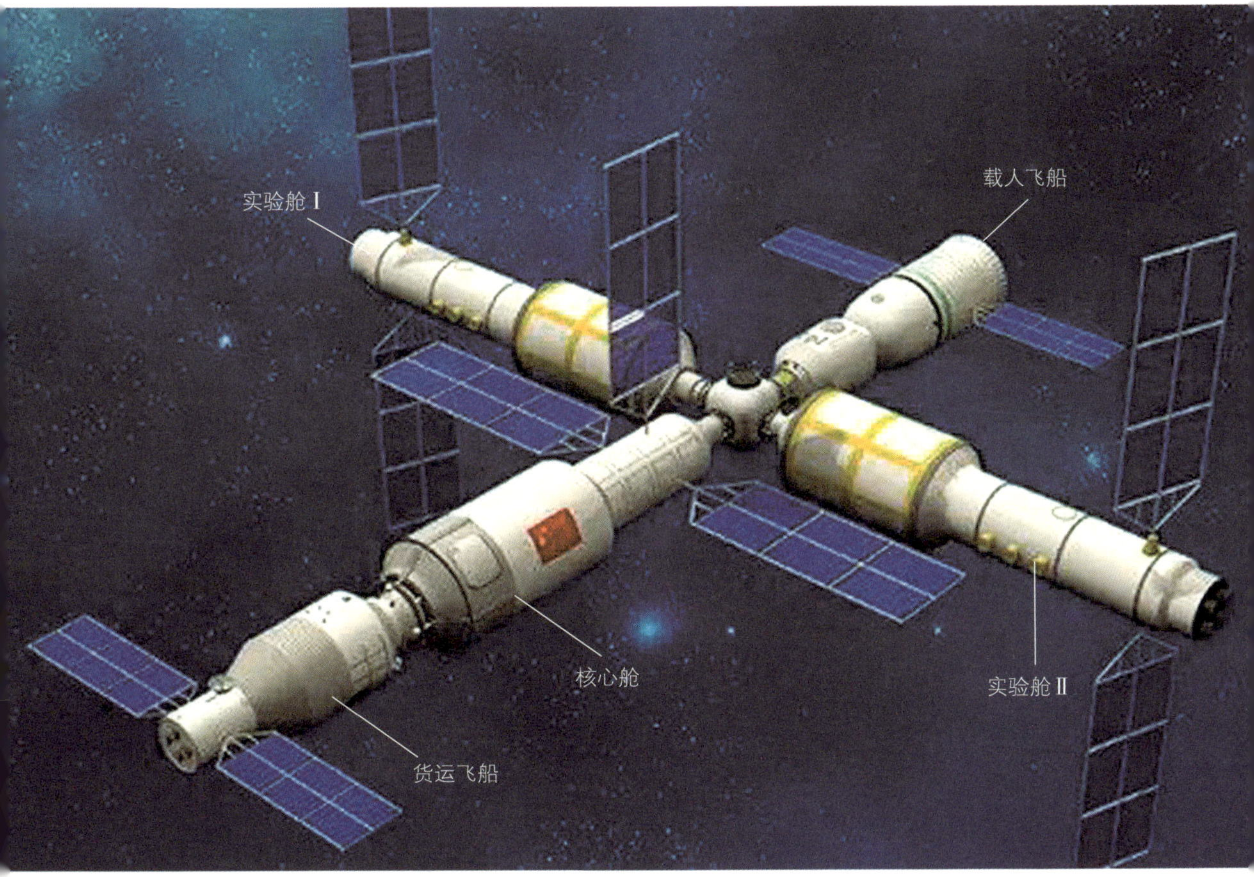

中国空间站结构图

中国人的飞天梦已经实现，驻天梦也正在成为现实。而我们的目光，却投向了更加遥远的深空。

后来居上的月球探测

月球是距离地球最近的天体，更是地球的卫星。几十亿年来，月球始终与地球紧密相伴，如影随形。由于长期的引力拖拽作用形成的潮汐锁定，月球的自转周期慢慢变得与绕地球的公转周期一样长，最终形成了始终以固定的一面朝向地球的状态。于是从古至今，地球上的人们看到的就总是那副笑眯眯的神秘模样。

这种神秘，一直都在全人类心中引发着强烈的好奇，文明程度历来较高、喜欢幻想的中华民族就更是如此，嫦娥奔月、玉兔捣药、吴刚伐桂……一连串的神话故事流传至今。而探索甚至登上月球，则更是各个民族共同的愿望。在这方面，美国、苏联等老牌发达国家已经走在前头，有的是派航天员到月球上迈步走、插国旗、取样品，有的是发射探测器绕月球转圈或降落探测。

暂时落后但一定不甘落后，过去落后不代表永远落后，这是我们中华民族的优秀品格之一。在月球探测这个问题上，也同样如此。只要条件成熟或基本成熟，我们就会启动追赶超越的坚定步伐。

早在 1991 年，也就是国家批准载人航天工程“三步走”战略的前一年，中国的航天专家就已经提出了开展月球探测工程的构想。1998 年，国防科工委正式开始组织对月球探测工程的系统规划和论证，并启动了先期的科技攻关工作。2004 年 1 月，国家批准绕月探测工程立项，并将其命名为“嫦娥工程”。2006 年 2 月，国务院颁布《国家中长期科学和技术发展规划纲要（2006~2020）》，明确将“载人航天与探月工程”列入国家的十六个重大科技专项。

2007 年 10 月 24 日，我国在西昌卫星发射中心将第一个月球探测器“嫦娥一号”发射升空。在经过一系列复杂而尖端的技术控制下的远程飞行之后，于 11 月 7 日准确进入月球轨道。11 月 26 日 9 时 40 分，地球收到了“嫦娥一号”发回的一段语音和《歌唱祖国》歌曲。

“嫦娥一号”月球探测器

在超额完成各项探测任务后，为积累落月过程控制和轨道测定等方面的宝贵经验，“嫦娥一号”在科技人员的精确控制下，于 2009 年 3 月 1 日准确撞击了月球的丰富海区域，成功实现了受控撞月。它比原计划多飞了 117 天，传回了月表化学元素分布、矿物含量及月壤分布、近月空间环境等大量数据，填补了我国在探月领域的空白，成为中国航天事业的第三座里程碑。用“嫦娥一号”拍摄数据制作完成的“中国第一幅全月球影像图”是当时世界上已公布的月球影像图中最完整的。

“嫦娥一号”所完成的，是中国探月工程的第一期工程“绕”，即实现绕月探测。接下来，是工程第二期“落”，即实现月球软着陆和月面巡视勘察等目标。而这一步，是由“嫦娥二号”“嫦娥三号”和“嫦娥四号”相继接力完成的。

与绕月相比，落月的技术跨度、实施难度都非常大。为降低风险、积累经验，我国于 2010 年 10 月 1 日发射了探索性的“嫦娥二号”。10 月 9 日，经过 3 次近月制动的“嫦娥二号”成功进入距月轨道为 100 千米的圆形环月工作轨道，开始按计划展开各项探测任务。10 月 26 日，“嫦娥二号”来了一个高难度动作，成功进入远月点 100 千米、近月点只有 15 千米的轨道，运行了 3 天，圆满完成了对月球虹湾区的成像任务，然后又进行升轨机动，变回到距月 100 千米的环月工作轨道上。

到 2011 年 4 月 1 日，“嫦娥二号”为期半年的设计寿命就已期满，圆满完成了既定任务。然而，到 4 月下旬至 5 月底，了

“嫦娥二号”月球探测器

不起的“嫦娥二号”又开始“超额加班”，开展了对月球南北两极漏拍点的补拍任务，并再次对未来“嫦娥三号”的预选着陆区进行了两项高清晰成像拓展试验。

2011 年 8 月 25 日，完成全部对月任务后的“嫦娥二号”受控飞离月球。经过 77 天的飞行之后，准确进入距地球 150 万千米的日地拉格朗日 L2 点（日地拉格朗日点由法国数学家拉格朗日 1772 年推导证明出，共有 5 个，其中，L2 点位于日地连线上、地球外侧约 150 万千米处，在 L2 点上，卫星消耗很少的燃料即可长期驻留，是探测器、天体望远镜定位和观测太阳系的理想位置，在工程和科学上具有重要的实际应用和科学探索价值，是国际深空探测的热点）的环绕轨道，这是中国第一次开展日地拉格朗日 L2 点转移轨道和使命轨道的设计和控制，并实现了 150 万千米远距离测控通信。此举也使中国成为世界上第三个造访日地拉格朗日 L2 点的国家，而且是世界上第一个实现从月球轨道出发抵达该点的国家。

2012 年 12 月 13 日，受控飞离日地拉格朗日 L2 点约 200 天的“嫦娥二号”，在距地球 700 万千米的深空与小行星“图塔蒂斯”交会，并获取了这颗小行星的高清晰图像，使我国成为第四个能够探测小行星的国家。

随后，“嫦娥二号”继续飞向更加遥远的深空。2013 年 7 月 14 日的数据表明，“嫦娥二号”与地球的距离已经突破 5000 万千米，事实上已经成为我国首颗人造太阳系小行星，围绕太阳做椭圆轨道运行。初步预计，它有可能会在 2020 年左右，回到地球附近，然后再次远行。

有了“嫦娥二号”的先导探索，接下来就是“嫦娥三号”出场，开始进行中国探月工程的第二期工程，即“落”。当然，由于这种“落”的技术难度较大，也得分两步走。“嫦娥三号”只是承担第一步，即“试验落”。

2013 年 12 月 2 日，“嫦娥三号”探测器从西昌卫星发射中心顺利升空。飞行 4 天后，到达月球轨道；12 月 14 日，“嫦娥三号”在月球雨海西北部的虹湾成功实现了软着陆，这是我国首次实现在地球之外天体上的软着陆。第二天，“嫦娥三号”完成了两大部件即软着陆探测器与月面巡视探测器即“玉兔号”月球车的分离，还进行了两者之间的相互拍照，并陆续开展了“观天、看地、测月”的科学探测及其他预定任务，经受了着陆、移动和

“嫦娥三号”携带的“玉兔号”月球车在月球表面巡视探测

长月夜生存三大挑战，获得了大量精确数据，标志着我国成为全球第三个掌握落月探测技术的国家。

“嫦娥三号”的着陆器和“玉兔号”月球车，设计寿命分别是 1 年和 3 个月。但实际上，它们全都实现了“超期服役”。“玉兔号”超期服役两年多，在月球上一共奋战了 972 天。而着陆器则一直状态良好，尤其是携带的月基天文望远镜等有效载荷及工程参数测量设备均工作正常。直到 2016 年 8 月 4 日，“嫦娥三号”才被宣布退役、中止工作。

“嫦娥三号”圆满完成了自己肩负的使命，即确保在月球上“落得下去”，然后还要“走得起来”，同时还能“活得很长”。

总之，“试验落”的任务完成得很漂亮。接下来，就是由“嫦娥四号”来完成“真正落”的任务了，而且这任务绝对非同一般，那就是要在人类历史上首次实现在月球背面软着陆。

为什么要选择月球背面呢？因为月球背面比正面保留着更为原始的状态，对研究月球和地球的早期历史具有重要价值；月球背面的天文观测环境非常完美干净，不只是月球没有大气那么简单，因为来自地球的各种无线电信号都被月球正面屏蔽掉了，所以在背面能够更好地监测到地球表面、地球附近太空中无法分辨的电磁信号，有望取得天文研究的重大成果；月球正面环形山和陨石坑的面积占正面总面积的 69%，而月球背面这一比例据说达到了 97.5%，这一点需要实地验证；月球背面的月壳比正面厚，最厚处达 150 千米，而正面月壳厚度只有约 60 千米，这个谜也要尝试解开；预定着陆点所在的大型环形山内各类物质十分丰富，或许保留有月幔的原始成分……总之，探索月球背面的科研价值十分巨大。

但是，也正是由于月球本身的阻挡，将来降落于月球背面的探测器将无法接收到来自地球的控制信号，地球也无法收到探测器发回的电磁信息。不过，这个问题难不住中国航天科学家。

2018 年 5 月 21 日 05 时 28 分，被命名为“鹊桥”的一颗中继通信卫星从西昌卫星发射中心发射升空，飞向月球。6 月 14 日 11 时 6 分，“鹊桥”号卫星到达日地拉格朗日 L2 点，成功实施轨道捕获控制，开始环绕这个点稳定飞行，这是全世界首颗能够运行在这里的卫星。

为什么要发射这样一颗卫星，并且在这么远的地方稳定环绕飞行呢？看看它的名字就知道了，“鹊桥”，它的使命，就是在地球与未来将要降落到月球背面的探测器之间，建立信号中继服务，从而解决信号被月球阻挡的问题。而且它还额外搭载了两颗小卫星，能够实现环绕月球编队飞行，开展超长波天文观测。

有了“鹊桥”，接下来就是正规的探测器出征了。2018 年 12 月 8 日，“嫦娥四号”月球探测器从西昌卫星发射中心一飞冲天，向着 38 万千米外的月球奔去。

“嫦娥四号”月球探测器

2019 年 1 月 3 日上午，“嫦娥四号”在月球背面南极——艾特肯盆地内的冯·卡门撞击坑内成功实现软着陆。下午，“嫦娥四号”携带的着陆器和月球车（“玉兔二号”巡视器），按照来自地球，并由“鹊桥”中转的指令开始相互分离，之后即各自就位，相互拍摄，进行探测。各种图像发送、接收均清晰完好，各种科学载荷工作正常，探测数据均能有效上传、下载，各个科学实验项目均顺利开展，所有工程既定目标均圆满完成。

由于在月工作时间较长，不可避免地会遭遇漫长而寒冷的月夜，而“嫦娥四号”的着陆器和月球车则会自动进入休眠模式。当月夜结束后，它们又都能够自动唤醒，再次进入工作状态。

月球已经迎接过很多来自地球的探测器。但“嫦娥四号”却是第一个由人类制造并在月球背面实现软着陆，同时又开展大量高水平工程实验和科学实验并取得显著成果的探测器。

这不仅仅是中国的，也是人类航天史上的历史性、标志性时刻！

至此，中国探月工程的前两期工程即“绕”和“落”均已圆满结束。而第三期工程“回”，也就是发射探测器到月球表面自动采样并顺利返回的任务，将由“嫦娥五号”和“嫦娥六号”接力完成。

作为第三期工程前奏的再入返回飞行试验器于 2014 年 10 月 24 日发射升空，9 天后，试验器的返回舱在内蒙古成功着陆。这是我国航天器第一次在绕月飞行后再入返回地球，表明我国已全面突破和掌握航天器以接近第二宇宙速度的高速再入返回关键技术。

现在，“嫦娥五号”和“嫦娥六号”的研制工作及相关工程规划工作都在紧张进行着。在不久的将来，它们将相继踏上飞往月球之旅，并且携带月球样品返回地球家园。

中国航天的三大里程碑，已经不可动摇地矗立在中国甚至全人类的航天发展历史上。但是，我们的成就并不止是卫星上天、载人航天、月球探测这三大项，我们的目标也并不止是这三大步。

现在，世界上已经没有人再质疑中国的“航天大国”资格了。就在“天宫二号”发射上天之后不久，全世界就已经知道，这只是中国未来更大航天计划的新一轮开端。因为他们知道，中国这次发射“天宫二号”将进行在轨维修和空间站技术验证等实验，完成建设空间站之前的最后一次全面技术验证。

不远的未来，中国将要建成长期驻留太空的空间站，这个空间站总体构型先进，规模巨大，分为一个核心舱、两个实验舱，每个舱都是 20 吨级，全站可以对接一艘货运飞船、两艘载人飞船和两个实验舱，还有一个供航天员出舱活动的出舱口，完全就是一个可以与各个国家进行太空合作的，有“国际范儿”的基地化大型空间站。

要知道，苏联发射上天、后来由俄罗斯接管的“和平号”空间站，已经陨落了；目前由美国主导、共 16 个国家和地区组织参与建设和使用的国际空间站，也快到了“寿终正寝”的时候了。再过几年，太空中将只有中国的大型空间站在太空中运行和工作。就连航天大国美国都感叹：“美国以外的国家，纷纷开始与中国合作了。”“美国应尽早与中国在太空领域开展合作。如果不尽快改变现行的不合作政策，美国将会丧失对中国未来太空计划一切可能的影响力。”

这种感叹，非常符合国际航天领域的现实。中国的运载火箭越来越发达，航天器返回技术也越来越先进，而美国的航天飞机已经没有了；中国目前已经具备了载人登月飞行的技术基础，而且攻关工作已经展开；而更加遥远的火星，也已经被中国锁定，中国航天的火星探测计划已经于2016年1月11日正式获准立项。要不了多久，中国第一个火星探测器将被发射上天，奔赴火星，并将登陆火星表面。

重大趋势显现，在各国已经总体上趋于放缓的状态下，中国却在拼搏中全面赶超。更关键的是，中国几十年航天探索的目的，也与其他国家和组织有着显著的不同。假定欧美国家依然遥遥领先全球的那些航天科技尖端技术，比如过去的载人登月、现在的火星探测甚至太阳系外探测，是着眼于人类未来上万年甚至几十万年以后的长远需求，那么中国的航天科技，却不但同样体现出对地球安全、人类发展的战略性责任感，而且早都已经在解决人类当前生存、地球当前危机等方面，脚踏实地、持之以恒地付出努力，并已经取得成就了。这种努力和成就，不但造福本国人民，而且已经影响到全球。

这其中，就包括林业建设。

第六章 运筹苍穹

说到航天科技，长期生活在地球表面的人们感受最直接、印象最深刻、受益最普遍的，当然不会是针对月球、火星以及其他地外星球的深空探测，而是人造地球卫星。经过过去60多年的发展，人造地球卫星已经成为现代人类生产、生活须臾不能分离的重要支撑；而我们中国的卫星技术，则更是后来居上，成为人类科技进步长河中的璀璨明珠，发挥着越来越重要的作用。这其中，就包括对现代林业规模化发展的显著贡献。

林业是生态化绿色中国建设当之无愧的主体。目前，我国拥有的森林面积达 1.75 亿公顷，森林蓄积量为 124.56 亿立方米，森林覆盖率为 18.21%。如此巨大的森林资源，必然带来如何普查、管理、防火预警、防火调度、病虫害防治、护林员管理等一系列复杂的现实问题。林业建设越是大步发展，这些现实问题就越是需要以超常的手段加以解决。而要实现这个目标，就只有更多地依靠现代卫星技术。

作为航天科技的重要分支，卫星技术在林业发展中的应用之早、之多、之深，是很多其他行业的人所想象不到的。其实，从卫星真正具备对地遥感探测、定位导航等实际应用功能的时候起，就开始按照“从试验到成熟、从偶尔到全程、从少量到大量”的步骤，被逐步而全面地运用到林业建设之中了。

遥感星：俯瞰大地的“千里眼”

如果向一位村民提出“你家有多少棵树”“你家的草地面积有多大”这类问题，他会立即告诉你准确的答案。哪怕这位村民特别勤奋，每年都多栽一些树、多种一些草，有时还春天卖树苗、秋天卖干草，他依然能够对自己的“林草资源”随时做到“一口清”。

但如果放大到一个拥有众多村民的村子，要想让村主任同样“一口清、问不倒”，恐怕就有点难度了。他得指挥有关人员，建立并及时更新登记表格，才能在接受问询时通过查账来说清全村林地、草地总体面积，树和草都是哪些类别等问题。如果再放大到一个乡镇、一个县区，那工作量就更大，单靠建一本账是不可能解决问题的。

宁夏彭阳县肖掌子流域（白云鹏 摄）

如果再扩大到一个省、自治区、直辖市，直到全国范围呢？那工作量将大到不可想象，很多任务单靠人工现场调查之类的地面努力已经无法完成。于是人们就想，要是能够拥有《西游记》中“千里眼”的神力，那该多好！身居天宫，俯瞰大地，什么情况都能立即看得一清二楚。

也正是基于这种最直接的目的，更是为了精准而不是粗略地掌握全国林业资源的总体概况，我国于新中国成立初期的 1954 年，就借助并不十分雄厚的航空力量，创建了森林航空测量调查大队，首次建立起了以森林航空摄影、森林航空调查与地面综合调查相结合的森林调查技术体系。对我国林业建设来说，这是一次重要的跨越式转变和提升，但却依然不能满足需要，因为毕竟当时的飞机太少，航程有限，高度不够。面对规模巨大、情况复杂、时刻变化的全国林业资源，真是大有杯水车薪、捉襟见肘之感，令无数林业工作者忧心忡忡。

那么，几十年的时光过去了，与之前相比，我国在这方面又是一种什么样的情况呢？如果用一个成语来概括，那就是天壤之别！

让我们来看看最近 10 余年来，国家林业草原管理事业在卫星遥感应用上走过的坚实步伐吧。

2010 年 3 月 9 日，国家卫星林业遥感数据应用平台建设项目由国家林业局正式批准启动。这是我国卫星应用全面支撑国家林业信息化“三步走”战略的第一步，同时也是卫星应用研究与行业用户联合提出卫星应用行业系统解决方案的一个创新工作模式，具有极佳的示范作用。所谓“三步走”设想，即首先通过林业遥感数据应用平台建设，发挥现有国产遥感卫星在林业部门的应用效益；其次逐步推动林业遥感卫星和林业特色有效载荷的立项和研制，实现天地一体化；最后基于我国越来越丰富的天基资源，将卫星应用到国家林业资源监测、应急指挥的各级部门乃至山头地块，全面提升我国卫星林业综合应用能力。

2013 年 4 月 26 日，国家高分辨率对地观测系统重大专项天基系统中的首发星“高分一号”卫星，从酒泉卫星发射中心成功发射入轨。随即，国家林业局借助“高分一号”，先后开展了森林资源调查、湿地监测、荒漠化监测、生态工程监测、森林灾害监测等方面的一系列林业研究和应用示范，包括在黑龙江带岭地区进行的森林资源调查、在内蒙古浑善达克沙地西区域进行的沙

“高分一号”卫星

化土地遥感分类识别、在重庆市云阳县上坝乡进行的林业生态工程地块分布和森林地块分布监测、在河北廊坊地区进行的食叶害虫引起的林木失叶率监测、在四川省雅江等县进行的森林火灾情况监测识别等。

2015 年 9 月 1 日，国家林业局卫星林业应用中心正式挂牌成立。中心根据国家生态战略和林业建设工作需要，牵头开展林业卫星发展规划和建设、遥感新技术应用研究，以及遥感林业应用、示范与推广以及林业卫星国际合作等工作，同时承担林业卫星工程及应用系统建设和运行、林业卫星数据产品生产加工和分发服务，合作开展森林资源、湿地资源、荒漠化和沙化土地、林业生态工程、林业碳汇遥感监测评估分析等。

2017 年 1 月 9 日，“吉林林业一号”卫星从酒泉卫星发射中心发射成功。作为中国林业系统专门应用卫星的第一颗，它和它的后继卫星为森林资源普查、森林火灾检测、树种分类调查、野生动物保护、沙漠化防治、湿地监测、病虫害检测等林业应用领域提供更加专业、更加丰富、分辨率更高、覆盖能力更强、响应时间更短的信息服务，进而对未来的“智慧林业”建设提供数据与信息支撑。

2018 年 5 月 9 日和 6 月 2 日，作为国家高分辨率对地卫星系统最新成员的“高分五号”“高分六号”卫星，分别从太原卫星发射中心和酒泉卫星发射中心顺利升空。在经历了几个月的在轨测试“试用期”后，这两颗卫星于 2019 年 3 月 21 日正式投入

“吉林林业一号”卫星从酒泉卫星发射中心发射成功

使用。“高分五号”是国内光谱分辨率最高的，也是国际上首次实现对大气和陆地进行综合观测的全谱段高光谱卫星；而“高分六号”则是国内首颗能够精准进行农业、林业观测的高分卫星。它们的投入使用，标志着我国的对地观测能力有了大幅提升。

尤其是“高分六号”，具有高分辨率与宽覆盖率相结合的显著特点，能够有效反映作物、树草等植被特有的光谱特性，专门面向林业草原、农业农村和防灾减灾等领域，国家林业部门就是它的“最大用户”。它与“高分一号”成功组网，实现了对我国陆地区域 2 天一个周期的重访观测，把过去 4 天的重访周期缩短了一半，从而极大提高了遥感数据的获取规模和时效，提升了国产遥感卫星数据的自给率和应用范围，显著提高了对林业草原、

“高分五号”卫星

农业农村等的资源监测能力。

正式在轨测试期间，“高分五号”联手“高分六号”，为安徽、河南等省的受灾农作物损失评估、全国秋播作物面积监测、大气环境监测等工作提供了重要的数据保障，还为2018年发生的大兴安岭森林火灾、金沙江白格滑坡堰塞湖、雅鲁藏布江米林滑坡堰塞湖、印尼海啸等国内外重特大灾害及时提供了应急观测服务。

2019年1月8日，2018年度国家科学技术奖励大会在人民大会堂隆重举行。会上，由国家林业和草原局直属的中国林业科学研究院资源信息研究所李增元研究员主持完成的“高分辨率遥感林业应用技术与服务平台”一举荣获国家科技进步二等奖。

这项科研成果，可谓价值非凡、意义重大。它填补了我国高分辨率遥感林业应用的空白，形成了符合我国林情的高分辨率遥感林业调查、监测与评价技术体系，在很大程度上解决了高分辨率卫星遥感在林业中应用的技术和平台瓶颈，引领了林业遥感技术发展，研究成果总体达到国际先进水平，能够满足当前森林资源调查、湿地监测、荒漠化监测、林业生态工程监测、森林灾害监测等林业调查、监测业务的发展，对高空间、高光谱、高时间分辨率遥感海量数据处理、产品生产和系统服务等重大应用的需求。

这项重大成果自完成以来，已在 20 余项全国及地方性林业调查、监测业务中得到广泛应用，共向 50 多家林业调查规划设计单位和林业管理部门分发高分数据和产品达 12 万多件，支撑形成了森林资源监测频率由 3 ～ 5 年 1 次提高到 1 年 1 次的能力，促进了自主高分遥感数据在林业资源调查监测、监督管理和资产评估中的广泛应用，提升了林业调查的科技含量和技术水平，产生了巨大的经济和社会效益。尤其是它显著提升了林业调查和监测中自主高分辨率遥感数据替代国外数据的比例，使我国林业行业卫星遥感分析数据的国产卫星自给率达到罕见的 70%，充分说明我国林业遥感事业实现新飞跃的春天已经到来。

这次荣获国家科技进步二等奖，已是林业遥感领域第六次获国家奖。

1989 年，由老科学家徐冠华院士牵头开发的“用于森林资源调查的卫星数字图像处理系统”，将航天遥感与计算机技术相结合，实现了基于卫星遥感数据进行大面积土地覆盖和森林分类及蓄积量的估测，并以计算机辅助绘制大比例尺森林分布图和蓄积量分布图，铺就了我国航天遥感技术的实用化道路，荣获国家科技进步三等奖。

1991 年，徐冠华院士等科学家主持攻关完成的“再生资源遥感综合调查技术规范”成果，在信息源评价、图像处理、专题调查、系列制图、生态效益评价等方面的遥感应用关键技术取得重大突破，成功研制了微机版的资源与环境信息系统，实现了多种资源数据管理、分析和预测，改变了传统的资源调查结构和模式，成为推动我国遥感技术进步和应用的重要里程碑，再次荣获国家科技进步三等奖。

1997 年，由李增元院士等科学家主持完成的国家“863”星载合成孔径雷达技术开创性森林应用研究内容，又获得国家科技进步三等奖。

进入 21 世纪，在以鞠洪波、李增元等为代表的林业遥感技术研究专家的带领下，攻关创建了遥感技术与传统地面调查相结合、“天、空、地一体化，点、线、面多尺度”的综合监测技术体系，以及多阶遥感监测抽样技术体系，规范了遥感技术应用的技术流程与标准，以此为基础形成的“森林资源遥感监测技术及业务化应用”和“森林资源综合监测技术体系”两项成果分别于 2009 年和 2013 年获得国家科技进步二等奖。

可喜的是，在老一辈科学家硕果累累的同时，新一代林业青年专家正在茁壮成长，新一代林业遥感技术也在继续发展。近年来，以陈尔学、高志海、武红敢、庞勇、覃先林等为代表的林业遥感科研先锋，瞄准国际学术前沿，勇于创新，在合成孔径雷达和激光雷达森林垂直结构信息高精度提取、复杂地表森林参数主被动遥感协同反演、多源高分遥感森林类型、湿地类型精细分类、稀疏植被覆盖信息自动提取等国际先进技术领域都取得了丰硕成果，推动了林业遥感技术的飞速发展。

那么，国际上的遥感技术用于林业，走过了什么样的历程呢？

20 世纪 20 年代，开始试用航空目视调查和空中摄影；30 年代，采用常规的航空摄影编制森林分布图；40 年代，航空相片的林业判读技术得到发展，开始编制航空相片蓄积量表；50 年代，发展了航空相片结合地面的抽样调查技术；60 年代中期，红外彩色片的应用促进了林业判读技术的进步，特别是树种判读和森林虫害探测；70 年代初，林业航空摄影比例尺向超小和特大两极分化，提高了工作效率，与此同时，陆地卫星图像在林业中开始应用，并在一定程度上代替了高空摄影；70 年代后期，陆地卫星数据自动分类技术引入林业，多种传感器也用于林业遥感试验；80 年代至 21 世纪的今天，卫星空间分辨率不断提升，现代计算机图像处理技术日趋完善，伴随而来的是地理信息、森林资源和遥感图像成熟数据库的建立、运用和发展。

与上述国外应用情况相比，我国在这方面曾经是一度落后的，甚至是空白的。即使是新中国成立以后，林业系统的各级、各类工作人员都曾被一个现实问题严重困扰。由于缺乏批量业务化的卫星遥感数据的支持，林业部门在应对森林火灾时多半依靠的是国外公开的气象卫星数据和分辨率较低的国产气象卫星数据。而在实际使用过程中，这些数据的时效性通常赶不上应用需求，而且立足于气象监测的卫星分辨率也不够，因为气象卫星主要用于监测较大区域和面积的大气、云层等宏观情况，难以适应对分辨率要求较高的林业监测的需要。

有时，气象卫星监测到某地林区出现一个着火点，林业部门接到反馈后，立即就得安排地面人员费时费力地前往探查，结果却发现并不是森林火灾苗头，而是农民在院子里生火做饭。这样的误报并不是一次、两次，也不是一地、两地，而是经常发生、到处发生，由此造成的人力、物力、财力和时间的浪费，无疑是惊人的。

此外，我国幅员辽阔，森林覆盖面积广，传统依靠地面调查或者人工调查的方式开展的林业资源调查工作，逐步暴露出“数出多门”的问题，就是各个部门都在搞林业资源调查，调查上来的数据却很难进行综合。

而现在，随着各类高分卫星、林业卫星陆续发射上天、投入应用，随着遥感技术应用研究越来越广泛和深入、一项又一项重要成果荣获国家科技进步奖，随着国产卫星遥感数据自给率达到前所未有的70%，曾经困扰林业系统的落后、被动、分散、低效问题，已经成了永久的历史。

导航星：
精准定位的“指南针”

通过深度运用卫星遥感技术，大量开展对林业草原的实时监测、资源调查，只是林业草原监管的一个方面，而不是全部。我国林业草原资源的突出特点是分布广、面积大、类型多、地形杂，要想实现对某块区域、某类树种、某个重要灾害防治点等的及时监控、随时处置，光靠遥感卫星监测并发送到相关林业管理部门的宏观数据，是远远不够的。

最理想的局面是，让成千上万分布在广阔大地、广袤林间的基层林业管理者、工作者甚至重点林区的护林员，都能随时实现与卫星之间、与管理部门之间以及相互之间的沟通汇报、协商联系，真正步入精准管理、动态管理、高效管理的科学化轨道。

当然，这一听就是一项极其复杂的系统工程，似乎可望而不可即。但事实上，困难正在逐步被克服，众望所归的理想局面也正在成为现实。

2019 年 1 月 21 日，国家林业和草原局召开推进林业草原行业北斗卫星系统示范应用电视电话会议，专题部署林业草原行业加快推进北斗卫星系统示范应用工作。会议要求，要科学布局，积极推进全行业北斗应用；要充分考虑北斗终端设计选型、标准规范制定、平台系统研发、与林业草原业务深度融合等问题，紧密结合林业草原行业专业跨度大、管理层级多等显著特点，科学制定林业草原行业北斗应用建设方案。

这次会议，提出了在林业草原行业应用北斗卫星系统的工作目标，就是以北斗导航系统为主体，综合国产遥感卫星、通信卫星和地理信息系统，面向森林、草原、湿地、荒漠、陆生野生动植物资源、国家公园管理等自然保护地各类核心业务，搭建云计算平台、综合管理大数据服务平台，服务国家、省、市、县等多级用户，着力开创林业卫星综合应用的新局面。

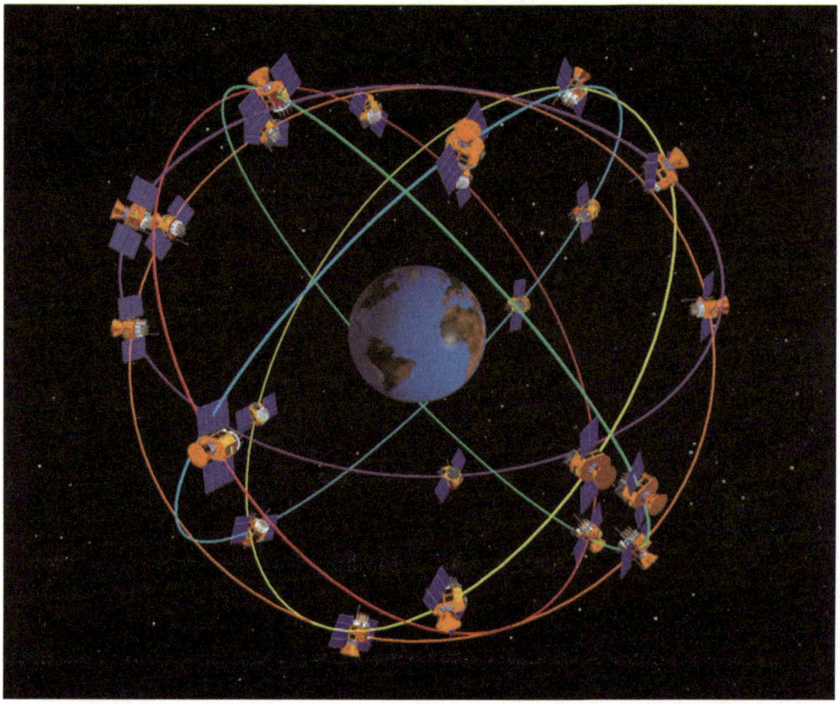

北斗系统示意图

那么，为什么是北斗呢？为什么会出现北斗呢？

北斗，即北斗卫星导航系统，是我国自行研制、独立运行的全球卫星定位与通信系统（简称 BDS），也是继美国全球卫星定位导航系统（简称 GPS）、俄罗斯的全球卫星定位导航系统（简称 GLONASS）之后，全世界第三个成熟的卫星导航系统。这是我国基于国家安全和经济社会发展需要，自主建设、独立运行的卫星导航系统，是为全球用户提供全天候、全天时、高精度的定位、导航和授时服务的国家重要空间基础设施，是我国改革开放 40 多年来取得的重要成就之一。

北斗卫星

说起“卫星导航”，大家较为熟悉、实际上也是应用较早的，是美国的GPS。那么，在GPS已经得到包括中国在内各个地区普遍应用的情况下，我国为何还要另起炉灶、自行建造北斗系统呢？

其实原因很简单。GPS在中国被大量使用，恰好说明中国当时的卫星导航应用基本被GPS技术垄断，包括交通运输、电力调度、通信网络、金融系统甚至连同一些国防军事领域的重要基础设施，都形成了过分依赖国外技术的被动局面。对中国这样一个发展中的主权大国来说，这是一件非常可怕的事。事实上，有的西方国家也确实曾经借助自己在GPS上的垄断地位，多次干扰甚至破坏中国某些重要领域的重大活动，造成恶劣影响和严重损失。

北斗卫星导航系统的横空出世，也是中国在被人“卡脖子”的情况下毅然做出的战略决策。

1994年，北斗卫星导航系统研制全面启动；2003年，“北斗一号”卫星导航系统正式建成；2012年年底，“北斗二号”卫星导航系统面向亚太地区正式开通服务；2019年5月17日，第45颗北斗导航卫星发射成功；2020年，将建成世界一流的“北斗三号”卫星导航系统……目前，北斗系统已实现全球组网，广泛应用在智慧城市、交通运输、公共安全、农业渔业、林业草原、防灾减灾等多个行业，产生了显著的经济、社会效益。

那么，我们的北斗卫星导航系统，究竟能在林业上得到哪些具体的应用呢？或者说，目前已经实现了哪些具体的应用呢？

作为应用北斗卫星导航系统较早的行业之一，林业草原领域的林业工程测绘、林区面积测算、林业地区界线测定、木材量估算、森林湿地等自然生态系统的监测与管护、森林草原灾害预警、护林员野外巡林等工作，都得到了北斗系统的强力支持。

这其中的关键，就是定位和通信。而且从总体效能上看，与美国的GPS系统相比，越是在树冠浓密的林内或地形复杂的林区，北斗系统的导航就越是显得定位精确、性能可靠，越不容易受到影响。

为了充分利用北斗系统的这种精确定位功能，全方位服务于林业草原建设管理，国家林业局于2014年6月启动了北斗导航在林业行业示范应用点建设工程，将湖北、广西和新疆列为全国示范点。到2018年2月下旬，这项工程宣告圆满结束，研制开发了国家、省、县三级林业北斗卫星导航综合管理服务平台，以此为基础建成三级综合服务中心200余个，编制了相关的技术标准规范，研发成功并完成部署不同类型的北斗终端33168台（套），开展了森林资源调查、森林管护、森林防灾监控和应急指挥、森林病虫害防治四大类业务的北斗应用。

负责接收北斗卫星定位信号、再通过北斗卫星反馈信息给服务平台的，正是在这一工程项目中研发成功并完成装备的数万台北斗终端，仅湖北省就完成部署了5类北斗终端共计13025台。

为了确保这些终端设备能够互联互通，湖北搭建了湖北林业北斗巡护系统，其运行方式是基于北斗定位技术，对林区管护人

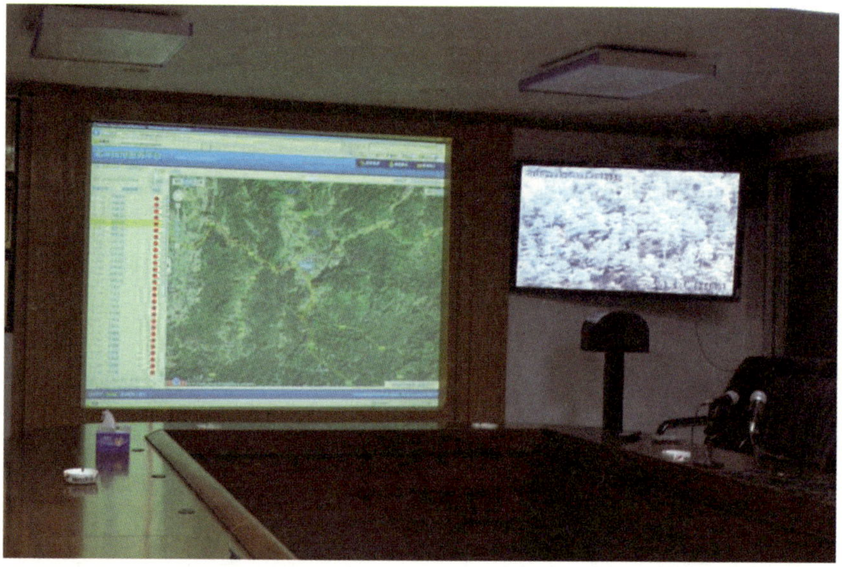

北斗卫星导航综合管理服务平台

员进行规范化的严格管理；而管护人员则能够通过以手机或平板电脑为基础、支持拍照或录像的智能终端，自动或手动获取并上报信息，从而及时向指挥中心反馈巡检过程中发现的各种事件，以及事件发生地的经纬度；指挥中心可以对巡检执行情况进行实时监控调度。

除了配备给地面管护人员的手持移动终端，还有车载和机载等其他类型终端，也都得到了广泛应用。这样一来，林区的管理部门、林间的管护人员、地上的管护车辆、空中的巡护飞机、天上的北斗卫星，就形成了一个灵活高效、信息畅通、位置精确的有机整体。

在湖北、广西、新疆圆满完成国家级示范点任务的同时，其

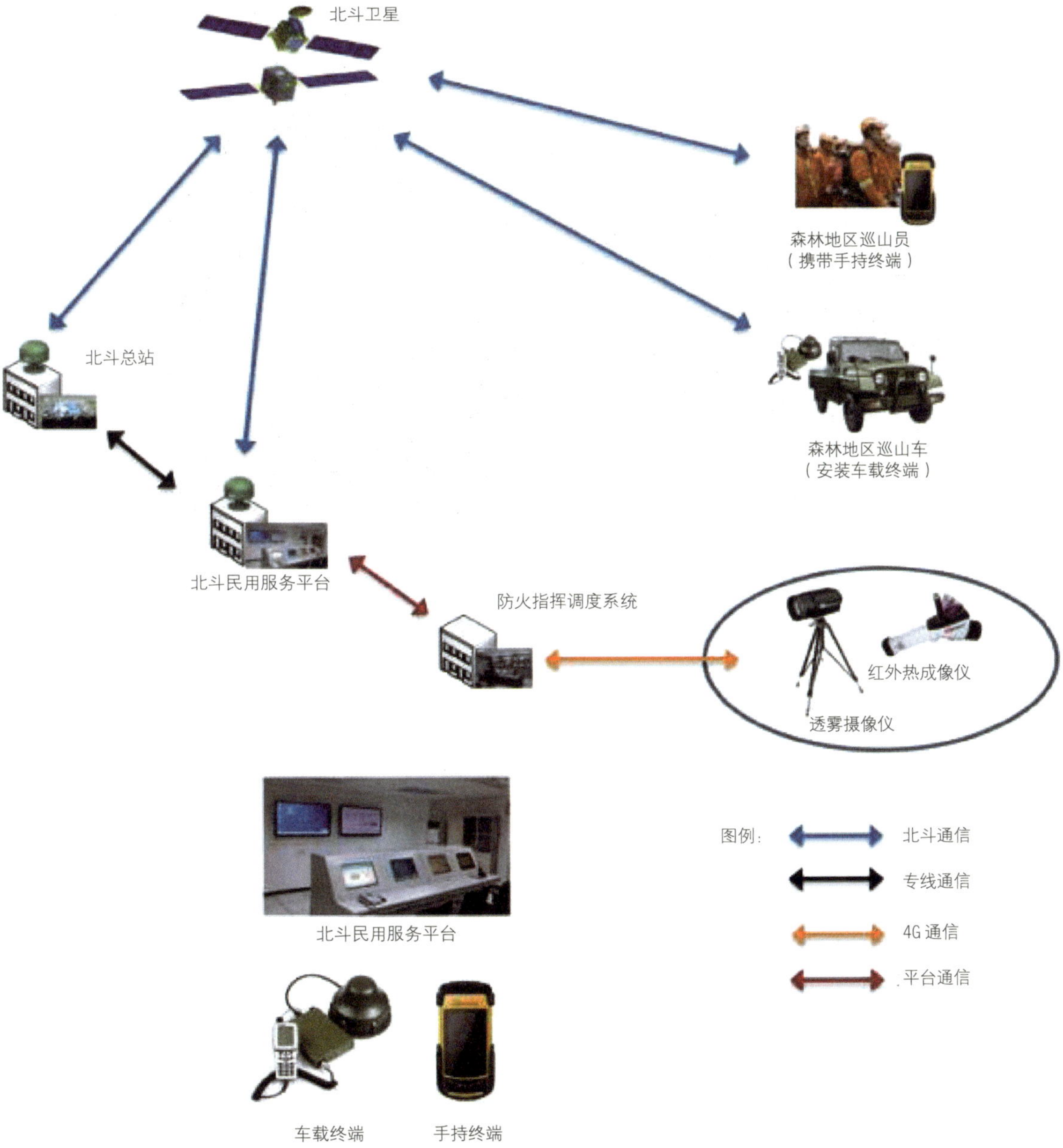

北斗森林巡护系统工作原理图

手持北斗终端的林业巡查员

他各省林业行业也都在应用北斗定位导航技术上大胆探索、大步迈进。

这其中，大家最为重视的，就是森林防灾工作。比如在黑龙江省的伊春市，森林防火的监测指挥工作就已在北斗卫星系统的帮助下，取得了令人满意的效果。他们采用的北斗移动信息指挥系统，设计实用，功能强大，精确高效。分布在前方的 23 支巡查队伍，都配备有北斗移动终端，通过北斗卫星的上下传输，指挥中心就可以实时了解这 23 支一线队伍的准确位置，所有队伍的行进轨迹都能实时显示在指挥中心的地理信息系统平台上。队伍与队伍、队伍与指挥中心之间，都能实时联络、上传下达，方便指挥中心在发生火情时进行科学指挥调度。

过去，负责巡查火灾隐患的林业管护人员在野外时要携带GPS、照相机、记录本等多种设备，很不方便，而且容易受到大量存在的GPS信号盲区的不利影响。而现在，所有管护人员只要装备一套北斗移动终端就能解决全部问题，只要上传报告一个坐标点就可以被精确定位，在林区所有露天位置都可以与中心实时通信，而且是多种方式信息的实时关联。这些终端，又都具备被称作“北斗短报文”的双向报文通信功能，管护人员可以随时发送一定字数的短报文信息，当然也可以随时接收指挥中心下达的短报文指令，使森林火警、火灾扑救以及其他如病虫鼠害防治、伤员搜索救治等各种情况，都能及时得到有效处置。

归纳起来讲，北斗系统卫星终端的最大特点是其可以同时提供数据通信与定位功能，这不同于以往要么仅提供定位功能、要么仅提供通信功能的任何其他设备；终端设备都具有小型化、集成度高、设备紧凑简单、低功耗和操作简单等特点，可采用电池供电，与其他卫星电话设备相比，设备和通信费用相对都比较便宜，可在森林防火部门进行广泛应用。

同时，北斗系统卫星终端分为车载、机载以及手持等各型终端，可非常简便可靠地安装在扑救车辆、航空护林飞机上，并提供给防火队员个人使用，从而使得森林防火部门能够全面动态地掌握所有相关车辆、飞机以及人员的状态信息，更加及时有效地实现科学合理的调度指挥和控制。

由此可见，北斗系统可以为森林防火部门提供有效的定位和通信手段，帮助森林防火指挥部门实现并提供及时、高效、可视化的人员、车辆、飞机调度监控系统；不仅可以在森林火灾发生时实现森林火灾的快速定位，还能及时了解翔实的火场及其周围地理和资源环境，进而在辅助决策系统的支持下，制定合理扑火方案、实现扑火力量最优配置、缩短扑火出动时间、提高扑火效率，把火灾损失减少到最低限度；不仅可以在火灾发生时提供关键支持，还能在平时为做好森林防火日常管理提供技术服务。

假如没有北斗系统给予的支持，不论哪个地区，一旦发生森林火灾，就会由于设备落后或缺乏设备等原因，无法及时发现、上报各类灾情特别是危害最大的火灾信息，常常会小火成大火、大火变大灾。而现在，随着北斗技术在全国林业草原行业的应用范围逐步扩大，这样的状况正在被扭转，向着智能化、实时化、信息化、全局化的方向大步迈进。

除了森林防火，对名贵古树的卫星定位保护，也是定位卫星在林业行业的一个新应用方向。截至 2016 年，北京市园林绿化局已经对 40721 株古树名木调查建档，并对其进行了卫星定位，还以此为基础建立了基于地理信息系统的北京市古树名木管理系统，在网络平台上实现了全市古树名木数据的浏览、查询、报表统计等功能，实现了古树名木管理的网络化、信息化。更重要的是，通过与规划部门进行古树名木坐标位置的信息共享，使规划、国土部门在对开发建设项目进行审批时，能够做到心中有“树”，及时提出避让措施，从根本上保护了这些古树名木。

千年以前的先辈们无论如何也不会想到，他们亲手种植的这些古树名木，竟然享受到了在太空中飞行的人造地球卫星的定位监控保护服务！

无人机：赴汤蹈火的“特种兵”

经过几十年发展，我们中国已经成为当之无愧的“卫星大国”；除了遥感卫星、北斗卫星，其他如通信卫星、气象卫星、资源卫星等各种类型的卫星技术，也都在林业草原行业中得到了不同程度的、深度融合式的综合应用。这些技术，以及以这些技术为核心的各种设备，就如同信息时代林业草原建设中的“特种兵”，各自完成着不同的使命和任务。

这其中，最为引人注目的，也是正在蓬勃兴起、广泛应用的，就是各种型号的无人机。

卫星技术的发展，必然带来无人机技术的发展。如果没有卫星给予地面地形匹配、定位导航引导等的技术帮助，无人机就不可能成为无人机，只能算是航模，而航模是不可能达到林业草原那种长距离、大面积、高精度要求的。

2018 年 5 月的一天，一架灰白色的大型无人机从嘉峪关机场起飞升空，它就是中国航天科技集团十一院研制的“彩虹 4 型”长航时无人机。不过，它身上挂载的，并不是大家在好莱坞现代战争片中无人机上挂的那种激光制导炸弹，而是森林防火专用的监控设备，专门用来守护我国宝贵的森林资源。

“彩虹 4 型”森林防火监控无人机

通过导航卫星实施控制的长航时、大航程无人机，具有机动灵活、视野开阔、操作简便、安全可靠等显著优点，可以替代有人驾驶的巡护飞机，对林场进行 24 小时不间断的实时空中监控，有效提升森林消防部队火情发现、抢险救援的能力，是世界上有能力的国家都在探索使用的、破解森林防火难题的“法宝”。就连包括著名的美国国家航空航天局在内的各大研究机构，也都在进行无人机广域、地域防火巡逻等方面的研究。作为“卫星大国”的中国，当然也不会落后，中国航天科技集团十一院将拳头产品“彩虹 4 型”无人机应用到森林防火领域，就是一次军民融合的成功尝试。

2017 年 5 月，“彩虹 4 型”无人机就曾应大兴安岭防火指挥部的邀请，飞临黑龙江省漠河多次执行森林防火演示任务。实践证明，在森林火灾防控和扑救过程中，“彩虹 4 型”无人机能够有效规避传统灭火救援行动中存在的凭人力解决不了的诸多短板问题。比如，派出人员前往火场实地探查火灾情况时，不可避免地存在着造成人员伤亡的重大隐患，有时还会因为道路不通、火势过大而无法得知火情准确状况。而无人机却能够对现场情况进行跟拍、追踪，是对遥感卫星高空观测情况的重要补充，能够为指挥中心提供更加全面和可靠的决策依据。

经过多年研究，“彩虹 4 型”无人机的技术系统已经非常成熟，而且操作便利，起飞条件要求不高，在林区道路不畅的情况下更加凸显机动灵活的优势。它携带有专用的热成像、远红外探测任务载荷，可以长时间在林区上空进行固定航线巡视飞行，就如同一个功能强大的“空中机器人”。传统有人飞机存在的困扰飞行

“彩虹 4 型”无人机正在进行巡查

员的疲劳驾驶问题，显然不会出现在无人机上；而无人机上的精密高度仪、障碍规避系统，都能使它及时避开可能的山丘、陡坡，完全满足林场低空巡逻飞行的需求。同时，“彩虹 4 型”无人机还能通过数据链和卫星通信等技术实现超视距控制，依据现实需求，长时间地从不同角度、不同距离在不同光线条件下进行作业，实现“点哪、飞哪、看哪”的人性化操作。

除了“彩虹 4 型”这样“军转民”式的无人机，我国还有很多其他品牌的无人机。不论哪种，都能够或已经在林业草原行业中得到应用。

在林业资源调查上，针对遥感卫星主要负责提供大面积、宏观化数据信息，地面人力调查又强度过大、跋山涉水费时费力等问题，可以使用无人机来进行周期更短也更为精细的小区域林业调查。由于无人机遥感系统机动灵活，可快速到达作业区域，受地形、天气环境影响较小，可实时获取森林资源的高清航拍数据，能够比遥感卫星和地面人力更加称职地承担“样地调查”的任务。而且无人机可获取高分辨率的正射影像，调查人员无须涉足户外，即可获取林木类别、分布范围、面积等准确数据，有效减少户外作业工作时间，降低劳动强度，提高工作效率。

在森林病虫害监测防治上，可以充分利用无人机航拍技术，从它获取的高分辨率影像中精确定位枯死木、变色树、异常林分布，辅助判断森林健康、受损程度等级，确定林业受病虫害的影响范围、面积等情况，具有高效快速、监测范围大、识别方位准确、

无人机遥感工作原理示意图

组织实施灵活等优点，尤其对于山高路险等地面人员难以到达、遥感卫星又容易漏过的复杂地域的监测，具有不可替代的优势。在某些重点区域，无人机能够近距离准确定位每一棵病害树木，条件好时准确率能够达到 100%。同时，有些型号的无人机还能替代地面人工或有人驾驶飞机来喷洒农药，大幅提升了森林病虫害监测防治的精准度和费效比。

在造林面积核查上，通过分析无人机获取的高清晰航拍影像，可获取湿地、荒漠化沙化土地范围，精确计算植树造林面积、株树，还可通过死亡株树及总株数的获取计算成活率与死亡率，对优化林业管理成本计算及造林规划具有积极意义；通过正射影像，还能定位到需要补植的树木的具体位置，实现对造林过程的精准控制。

在林业执法管理上，可以给无人机搭载视频传感器、可见光相机，用于对森林资源的日常巡检。由于其具备显著的快速响应能力，能够大大提高林业执法部门的作业效率。比如在接到盗伐林木案件线索后，可携带无人机快速赶到现场，对盗伐林木情况进行跟踪航拍，精确获取盗伐的面积、株树，加强对非法采伐的监控。而在违法征占林地、毁林开荒等案件中，可通过无人机航拍的影像图，分析出森林遭受破坏的地点和程度，以便及时对征占林地、毁林开荒等违法行为进行矫正和处置。

而在更为至关重要的森林火灾监测防治上，就像刚才提到的“彩虹 4 型”无人机所能做到的那样，通过给无人机搭载常规照相机、摄像机等设备，替代有人驾驶飞机或地面人工探查，飞入灾区上方，完成火情侦查和火灾探测等任务。当环境恶劣、可见光相机无法工作时，还可搭载红外成像系统，克服雨、雪、雾等恶劣的气候条件限制，甚至在夜晚的时候也可以正常工作。这种搭载红外成像系统的无人机，尤其适合针对火势较大、烟雾浓厚的森林火灾，因为它能穿透浓烟捕捉火势实时状态，为现场指导扑火工作提供参考。由于红外成像系统还具备测温功能，从其成像系统上可获取温度异常点，便于即时发现各个初起和次生火源点，引导指挥中心组织精确扑救。

由于篇幅所限，本章列举的只是卫星技术在林业草原行业得到应用的最主要的三个方面。其实，在卫星技术日趋成熟稳定的今天，对卫星技术的应用探索早已成为我国林业草原领域的一项日常工作，更是无数林业科技工作者的主攻方向；借助现代卫星、计算机等各种先进技术实现的“智慧林业”“数字林业”，正在我国很多地方成为现实。可以想见，在不远的将来，卫星技术一定会更加广泛地深入到林业草原建设、管理和发展的方方面面；各级、各类从业工作者也一定会拥有更多、更好的卫星技术应用系统、平台和设备。这对于全面落实习近平总书记的绿色发展理念、建设绿色中国，让更多的山川丘陵变成青山绿山，必将产生更加不可替代的重要推动作用。

第七章 宇宙馈赠

如果说卫星遥感、北斗导航等技术对林业草原行业乃至绿色中国建设起到了辅助作用，那么我们接下来要说的，就是那些在地球表面生存繁衍了亿万年的植物种子。让它们乘坐卫星、飞船奔向太空，去接受浩瀚宇宙给予的丰厚馈赠，经受从未有过的全新历练，发生从未有过的全新改变。因为在那里，也只有那里，才有人类育种专家梦寐以求的“超级实验室”。

人类自从学会种植以来，就始终离不开植物特别是各类粮食作物的种子。随着生活水平的提高，还需要林木花草、经济作物、饲料作物等的种子。随着工业化、城市化社会的飞速发展，人口数量一直在持续增长。

于是，人类就总是觉得粮食不够吃、林木花草不够多，就总是在改进耕作技术。当技术的发展跟不上需要时，人类就开始育种，就是要想方设法培育出产量更高、性状更好的种子来。再到后来，人类终于发现，单靠地面上的常规育种技术，还是不能满足需要。

怎么办呢？

良种选育起源发展

人类虽然号称“地球的主宰”，但也得吃饭才能活下去。地球上的其他动植物，只要能吃的，人类都吃，除非有毒。而在这些数不清的食物清单之中，最基本、最重要的，当然不是肉类，而是植物，包括种子、果实、花卉、根茎、藤蔓、叶子等。

早期的人类并不是不想更多地吃肉，学会用火之后更是觉得烤熟、煮熟的肉确实美味，而且更加管饱。但肉类的获取远不像植物那么容易，而且在捕猎大型猛兽或剧毒动物时还要冒生命危险。直到人类学会了驯养动物，肉食来源才有了更好的保障，但这又带来一个新的问题，那就是动物也要吃饭，要吃青草、吃果子甚至是吃粮食，然后才能长大。

归根结底，主要还是得依靠植物，需要大量的、能吃的植物。没有充足而稳定的植物性食物来源，人类以及人类驯养的各种动物，还是要挨饿。但是，自然界植物的生长、成熟并不稳定，遇上灾害就更是麻烦。

万般无奈之下，人类通过观察和试验，又逐步学会了种植，包括种庄稼、种果树、种蔬菜等。原始的农业，就这么在世界各地不约而同地慢慢出现了。而现代人类社会的基石，就是相对固

原始社会想象图

定的部落即农村的前身，也随之慢慢出现并越来越稳定和成熟。

不过，又一个新的问题随之出现，那就是吃饱喝足之后，人类的繁衍能力随之大增，各个部落的人群都开始迅猛增长。大家的粮食、水果、蔬菜就总是觉得不够吃，为此发生的战争也不在少数。

在条件相对有限，特别是耕地面积不可能无限扩大的情况下，早期人类中的那些观察力较强又喜欢动脑筋的聪明人，很快就发现，某种植物群体中，总会偶尔出现极少量堪称“天生丽质”的“佼佼者”，这些品种不但产量高，而且抗病虫害和自然灾害的能力也特别强。

于是，最早的“良种”慢慢被发现了，那些爱观察、善思考

自然状态下的小麦等常见作物，会因为某种原因，出现抗倒伏、抗病虫害等性状特别优秀的植株。把它们找出来，作为种子加以保留、繁育，是人类学会种植以来始终在做的一项重要工作。

的人也就成了最早的“育种专家”。他们当年所做的工作，第一步是“选”，就是把自然界不知何故而突然出现的、变得特别优秀的植物植株挑出来，把果实当成种子保存下来，而不是把它们蒸了、煮了吃掉；第二步是“育”，就是把选好的种子，在下个适宜季节到来时种下去，然后精心培育，看能否长出来同样优秀的植株和果实。

这两个步骤合并起来，就是“选育”。其实，全世界的现代农业科学家与万年前的早期“育种专家”一样在做这项工作。但早期的人类不知道，而现在的育种专家清楚这项工作的关键因素，那就是基因的遗传和变异。

基因的特征就是能够完整复制自己，把生命性状原样抄袭给下一代，这就是遗传。但当内外因都满足某个条件时，基因也会发生突然变化，这就是变异，而且变异的方向不固定，有的性状变得更差而被放弃，有的则变得更好而被选中。

早期人类中一代代的“育种专家”，一直都在努力进行这样的探索，就是把自然条件下突然出现基因变异，而且是好的变异的种子选出来，培育好，然后一代代播种、收获、再播种，让这种好的变异固定下来、传播开来。

对这类遗传与变异，人类历史上最早有研究、有记载的，是我们中国。西周时期的《诗经·大雅·生民》篇中，就有“实方实苞，实种实褎。实发实秀，实坚实好。实颖实栗，即有邰家室”这样的描写。

翻译成白话，就是说要选用光亮好看、肥大饱满的种子；这样的种子播到地里后，才能长出苗壮整齐、均匀强壮的禾苗，结出硕大的穗子、饱满的籽粒。这已经可以算是良种选育工作的“总要求”了。

北魏的贾思勰在《齐民要术·种谷》中也明确地说：“凡谷，成熟有早晚，苗秆有高下，收实有多少，性质有强弱，米味有美恶，粒实有息耗。”明朝有位官员叫夏之臣，他在《评亳州牡丹》一书中还提道：“具种类异者，其种子忽变者也。”虽然那个时代的夏之臣还不知道基因这回事，但这已是对“忽变”这种基因突变现象的初步分析，而且在此之前就已经有不少人，开始在这样的朴素认识指导下，对植物进行初步选育。

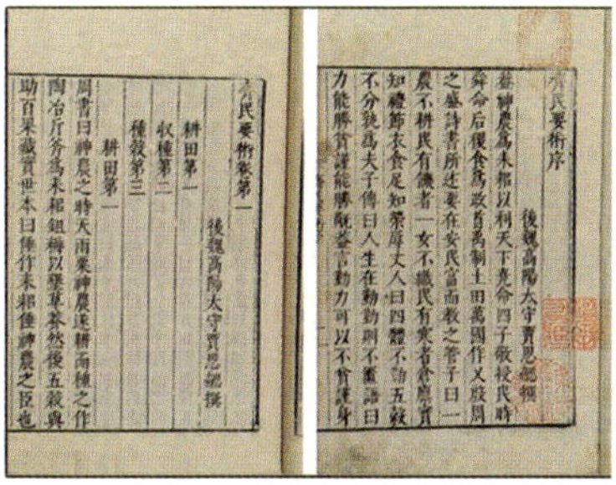

齊民要術序
後魏高陽太守賈思勰撰
蓋神農為耒耜以利天下堯命四子敬授民時
舜命后稷食為政首禹制土田萬國作乂殷周
之盛詩書所述要在安民富而教之管子曰一
農不耕民有饑者一女不織民有寒者倉廩實
知禮節衣食足知榮辱丈人曰四體不勤五穀
不分孰為夫子傳曰人生在勤勤則不匱語曰
力能勝貧謹能勝禍蓋言勤力可以不貧謹身

齊民要術卷第一
後魏高陽太守賈思勰撰
耕田第一
收種第二
種穀第三
耕田第一
周書曰神農之時天雨粟神農遂耕而種之作
陶冶斤斧為耒耜鉏耨以墾草莽然後五穀興
助百果藏實世本曰倕作耒耜倕神農之臣也

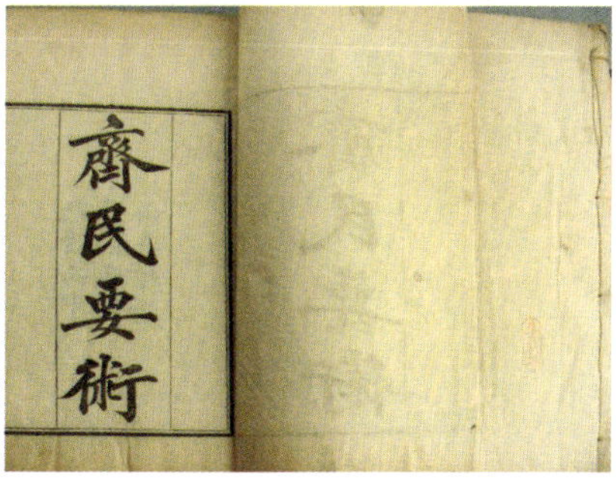

北魏贾思勰所著《齐民要术》全书 10 卷 92 篇，系统总结了黄河中下游地区劳动人民农牧业生产、食品加工与贮藏、野生植物利用、治理荒地等方面的经验，详细介绍了季节、气候以及不同土壤与不同农作物的关系，是世界农学史上最辉煌的专著之一，被誉为“中国古代农业百科全书”。

明代的袁宏道在《张园看牡丹记》中，这样描写了一位名叫“张元善”的“花卉育种专家”：“每见人间花实，即采而归，种之二年，芽始茁，十五年始花，久则变而为异种。”这不但写出了选育工作的具体过程，还说出了选育工作的耗时之漫长。

古代的人们，无法从基因这个现代科学层面上去认识植物种子变异的根本原因，不清楚种子为何会一方面能够一代接一代地保持基本的特征，不会“种瓜得豆”或“种牡丹得辣椒”，另一方面却可能会突然发生一些“早晚、高下、多少、强弱、美恶”之类的“忽变”。难能可贵的是，那时的人们已经开始通过改变植物生长的环境条件，包括对土壤、温度、肥料等的变化，努力促成和加剧这种变异的发生。

到魏晋南北朝时期，我国的育种专家们已经培育出了种类繁多、规模庞大的“种子库”，西晋郭义恭的《广志》和北魏贾思勰的《齐民要术·种谷》中，对此都有精确记载，涉及粟谷、黍稷、粱秫、大豆、大麦、小麦、水稻、胡麻、芋头、瓜、枣、桃、李等10多个类别，每个类别又包括许多品种，比如仅《齐民要术·种谷》中记载的粟的优良品种就达86个之多，而且各有各的特点，其中又有“朱谷、高居黄、刘猪獬、道愍黄、聒谷黄、雀懊黄、续命黄、百日粮、辱稻粮、奴子黄、焦金黄”等“早熟、耐旱、免虫”的品种，也就是不但成熟快、耐干旱，而且还能抗虫害。这些要是放在今天，也是相当不错的品种了。

《齐民要术》中，还强调了禾谷类作物种子要年年选种的重要意义和具体方法，就是选取所有纯色的上好穗子，悬挂起来，等开春后单独种植并加强管理维护，收获时要提前打场、单收单藏，作为第二年的大田种子。

这种方法，类似于现在所搞的种子田，其原理与后来形成的“混合选种法”相一致，与1867年德国育种专家仁博首次运用这种方法改良黑麦和小麦相比，我们足足早了1300多年。

如果当年在农田里对着几个品种埋头探索的仁博先生，得知位于遥远东方的中国人，早在 13 个世纪以前就已经掌握了这门技术，培育出成千上万的新品种，他恐怕会瞬间哭晕在大田里。到清朝乾隆年间，仅官修大型农书《授时通考》中收录的部分地区的水稻品种，就超过了 3000 个！

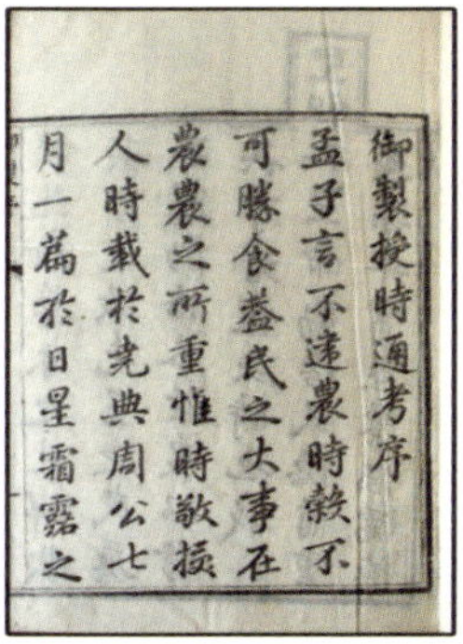

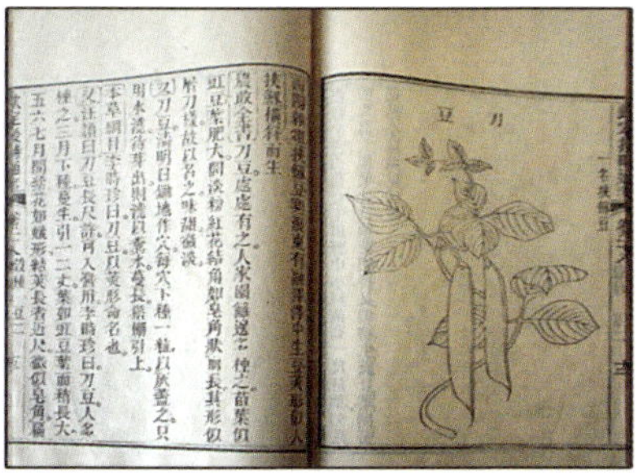

《授时通考》作为中国农业古书宝库中最后一部综合性精品图书，于清朝乾隆七年(1742)编成，主要记录前人有关农事的文献记载。除历代农书外，还征引经、史、子、集中有关农事的记载达 427 种，图 512 幅，共 78 卷，计 98 万字。内容以大田生产为主，兼顾林牧副渔，分天时、土宜、谷种、功作、劝课、蓄聚、农余和蚕桑 8 门。

逐步进入科技时代

回顾人类历史长河，不论是中国还是外国，也不论是古代还是近代，各级、各类“育种专家”的艰苦探索从未停止，贡献也非常大。目前世界各地种植的各种作物的种子，几乎都不是直接从自然界采摘的了，而是普遍经过艰苦而漫长的选育之后，逐步定型推广的。

没有他们所做的这些工作，人类就吃不饱。考虑到有些植物比如棉花、荆麻之类是用来制衣、制被的，所以没有这些工作的话，人类还穿不暖。再考虑到有些植物如玫瑰、牡丹之类是用来观看欣赏、表达感情的，如果没有这些工作的话，人们的生活过得不会多么精彩。

总之，没有一代代优秀的育种专家，没有他们的艰苦探索，没有他们的良种成果，就没有人类的今天。但随着现代人口越来越接近地球承载能力的极限，和可耕种土地逐渐减少而不是越来越多等问题的出现，如果不对育种工作本身进行革命性的改变，人类的未来仍将面临“吃不饱、穿不暖、过不好”的挑战。

问题依然很严重。

显然，人类有史以来的所有良种选育工作，虽然都有早期“育种专家”的人为因素，但主要还是以等为主，即等待发现大自然中的植物突然变异后的新植株，然后赶紧加以保护，最后把种子留下来，看能不能形成一个新的品种。如果说有“人工干预”，那也顶多是换换土壤、肥料。

所以，这样的工作虽然成效很大，但成效大主要是来源于参与人数多、总体规模大，本质上还是较为被动的。正因为如此，一方面一代代育种专家明明是在不断探索、贡献卓著，另一方面却又始终无法满足人口规模不断扩张、各类资源日趋紧张所带来的更高要求。

终于，真正意义上的现代农业科学家，在两个多世纪前的欧洲出现了。比较有名的有两位，一位是出生于公元 1759 年的英

巨型水车

国园艺专家托马斯·安德鲁，另一位是比他小一辈的德国植物学家朱利叶斯·冯·萨克斯。与早期人类中的“育种专家”所不同的是，这两位专家竟然破天荒地采用了干扰植物种子生长过程中的重力环境的办法，来进行全新意义上的育种试验。托马斯的做法是把豆子固定在不断旋转的巨型水车上，而朱利叶斯则是建造了世界上第一台回转仪，使植物种子进入失重状态，消除地球引力对种子的影响。

不过，不论是托马斯还是朱利叶斯，他们的“微重力系统”都是二维的，就是只能在一个平面上旋转，要么垂直，要么水平，而且转速也都不是很高，所以虽然在植物生理研究领域有了一些发现，但其成果都尚未达到普及性广泛应用的程度。

然后，人类科技史上伟大的20世纪到来了。这个世纪，可不光是爱因斯坦创立相对论，一直在为人类粮食种子问题殚精竭虑的植物学家们也同样没有闲着。

单是在托马斯、朱利叶斯都曾探索过的微重力系统领域，先是意大利科学家，后来是日本、荷兰的科学家，都成功研制出了各自的三维回转仪，而且都是高速的。这类微重力系统的发明和发展，是人类植物学家主动出击，打破亿万年来大自然对植物变异的完全“垄断”，开始干扰、影响和控制植物生长过程，甚至是基因分子层面变异变化的全新探索。

这种全新探索，并不只是对地球引力的反抗和干扰。科学家们不约而同地发现，地球从宏观意义上讲，对植物种子生长过程大规模施加影响的“武器”，除了引力外，还有磁场呢！

中国科学院微重力实验室内的百米微重力落塔

当明白这一点后，美国、荷兰、日本、德国等国家相继设计建成了“磁屏蔽室”，目的是创造一个尽可能将地球磁场和其他电磁信号屏蔽在外的无磁环境。中国也不落后，于1989年在中国地震局地球物理研究所建成了我国首个“零磁空间实验室”，不但用来完成主要任务即对精密仪器进行校正和消磁，同时也用来深入开展“零磁空间对农作物的生物遗传效应”等项目研究，先后对大麦、小麦、大豆、玉米、芝麻、花生、油菜、水稻、牧草等作物种子进行了基因诱变效应、作用机理等方面的探索，取得了大量宝贵的数据资料。

此外，还有一种出现较早、中外都在用的诱变育种技术——辐射诱变，就是利用 γ 射线、X 射线、紫外线等去照射、轰击作物种子，促发其细胞、基因发生变化。其中用得较多的，是 γ 射线，因为这种射线能量很高，波长又较短，所以具有很强的穿透能力，能够把能量直接作用到细胞、分子层面。

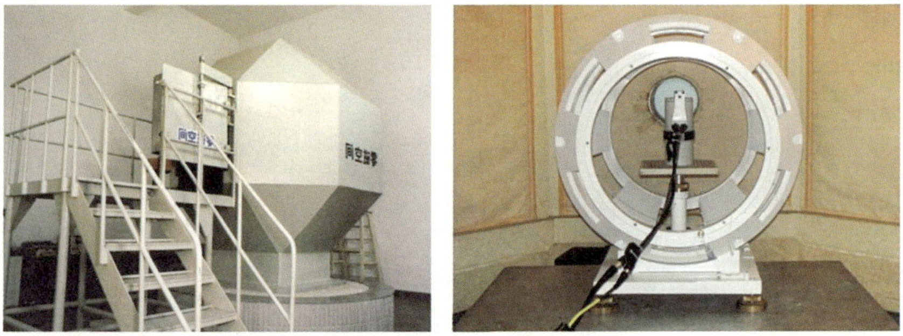

中国地震局的地震观测与地球物理成像实验室的零磁空间

直径为 200 米的日本茨城县 γ 射线辐射育种研究所

除了微重力实验场、零磁空间实验室、γ 射线这样高精尖、高成本的技术手段之外，还有一种非常普及的工具也经常被用到诱变育种上，那就是气球。当然，肯定不会是孩子们玩的气球，而是体积庞大、相当结实，可以飞得很高很高的，又能自由控制、安全返回的“高空科学气球”，简称“高空气球”。

高空气球

由于高空气球具有飞行高度令人满意、制造成本又相对较低、工作准备时间还不算很长、使用起来较为灵活等优点，所以许多发达国家尤其是制造材料、测控设备都很过硬的国家，从 20 世纪 60 年代起，就相继开始大规模发展现代高空气球技术了。

正是这种持续不断的共同努力，使高空气球逐步成为一种与火箭、人造地球卫星、航天飞机和飞船等复杂飞行器并驾齐驱、缺之不可的重要工具，被广泛应用于高能天体物理、宇宙射线、红外天文、大气物理、大气化学、地面遥感、高空物理、动植物高空生理、微重力、外层空间宇宙飞行及生活设备预先研究等方面的研究探索，承担的任务甚至比近地飞船、人造地球卫星还要多。

这么简便好用的工具，农业育种专家们自然不会错过。自 1987 年起，中国的科学家们就开始大规模、成系统地利用高空气球来进行诱变育种探索研究。几十年来，已经先后对水稻、小麦、大麦、玉米、油菜、棉花、谷子等重要作物种子和食用菌菌种，进行高空诱变，成功获得了一批优良品种、品系，成为我国农作物“种子库”中的重要补充。

这些种子为什么到了高空就容易出现异常变化，有些还能够将这些变异遗传给下一代呢？

“烟航二号”小麦种子

山东烟台农业研究院用高空气球搭载过的小麦种子——“烟航二号”——的饱满度、直立性等各种性状，较之前均有显著改善。

太空中究竟有什么

高空气球通常能够飞到 30 多千米的高度，也有的高水平高空气球能够在携带有效载荷的情况下，飞到 50 余千米那么高。而就在这离开地面才几十千米的空中，植物种子所处环境的大气结构、空气温度和密度、压力、地磁等条件，所经受的宇宙射线、紫外线等的强度，都开始出现与地面显著不同的差异，必然会对种子细胞、基因产生重要影响，进而促发变异。而这，正是农业育种专家们所期望出现的。

但是，区区几十千米的高度，还是太低。在离开地面更高、远离大气层的地方，也就是真正的太空之中，能够促使种子基因发生变异的条件肯定更优越。科学家们在地面上费尽力气、投入巨资才创造或模拟出的极端环境，在太空中却是平平常常的。

换言之，太空才是现代育种专家们梦寐以求的地方，那里真的是该有的条件都具备，人类科学家上百年来努力创造和模拟的，能够超越地球表面自然状态的极端环境，那里都有，全都是现成的，而且一直都有，无处不在，除非宇宙消亡。

但高空气球对此却无能为力，因为它的上升高度有限。

不要紧，我们有航天科技，有人造地球卫星、有航天飞船、有空间站！事实上，从航天科技问世的初期开始，人类就已经在借助卫星、飞船等工具，将作物种子送上太空，进行全新的育种试验了。也正是随着航天科技的成熟和发展，促使人类育种科技发展史上一个全新的概念横空出世，这就是“航天育种”。

那么，在那个高高在上、包围着整个地球的“超级实验室”里，究竟有什么？为什么人类从航天科技问世不久就开始启动航天育种科技了？或者说，当种子在太空中“旅行”的时候，会遇到什么挑战？

当然，那里的环境极其特殊，而且非常复杂，并非我们在这里三言两语能够说清。而且有些情况、有些因素，就连最顶尖的天文物理科学家们都还没有完全搞清楚。但是，我们至少可以把那些与航天育种有关的特点归纳起来，总结一下。对航天育种来说，这些特点就相当于浩瀚宇宙对人类的馈赠！

第一个特点是“微重力”。一说起航天，大家的印象肯定是航天员和他们的笔、本子等物品都飘来飘去的，失重了吗？

从科学的角度讲，人或物体在太空中作绕地高速飞行时，确实是处于近乎失重的微重力状态。但是，这只是由地球引力与飞行物离心力之间基本达成平衡之后形成的“无重感”状态，并不是真正脱离了地球引力。这种平衡是很微妙的，飞行物离心力大过地球引力，就会飞向太空、再不回头；而飞行物速度略慢一点，离心力小于地球引力，就会坠回地面。

对同样处于这种微重力状态下的作物种子来说，这是完全不

处于空间微重力状态的航天员及物品

同于方向恒定、数值恒定的地面重力环境的全新状态；其内部任何细胞、分子级别的活动，不论是静眠，还是萌发，就一定会或多或少地发生与在地面时完全不同的变化。

第二个特点是“弱地磁”。地球的磁场是个奇妙的存在，而且是包括人类在内的地球万物能够长期生存的必要条件。

很多人小时候都玩过磁铁，也都知道磁铁的吸力是与距离成反比的，离得越远，吸力就越小，直到消失。地球就是一个巨大的“磁铁”，它的磁场阻挡了太阳风、太阳耀斑以及各种宇宙能量射线对地球大气层的侵蚀、剥离，使地球生物能够呼吸、生存。

既然地球就是一个“磁铁”，那它的磁场作用距离就一定会

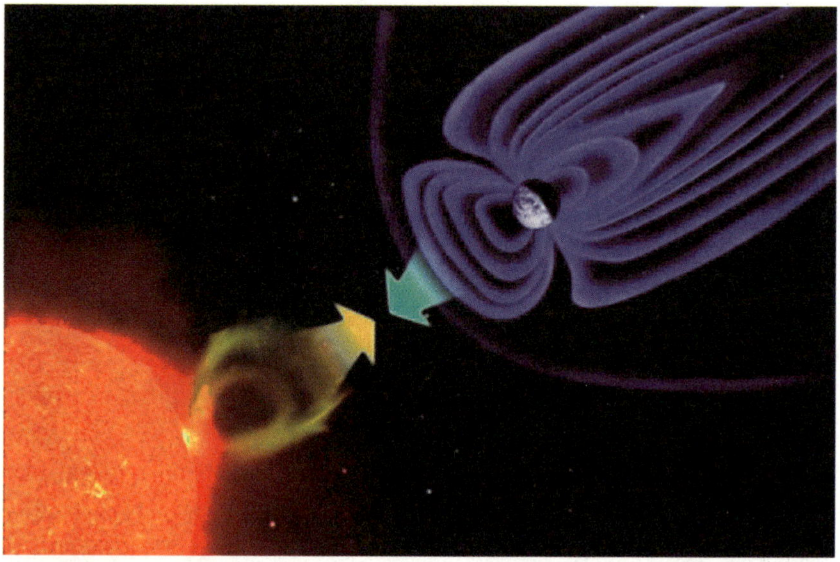

地球磁场对抗“太阳风暴”示意图

跟我们小时候的玩具磁铁一样，是有限的。注意，地球上的万千生物，包括我们现在关注的植物种子，不论是亿万年来的进化发展，还是基因固定之后的遗传繁殖；不论是成熟之后的短暂休眠，还是春季到来后的萌发成长，都是在地球表面完成的。而在地球表面，或者说在某一类植物种子主要生长的某个地区，地磁的强度、方向，相对来讲是恒定的。或者说，种子不论处于生命周期的哪个阶段，都一直处于同样强度和方向的地磁环境之中的。

而在距离地面数百千米的太空之中，作物种子赖以保持基本性状、延续生命进程的众多因素之一的地球磁场变得很弱了，有时甚至是小小一粒种子所不容易感受得到的。而此时的种子却没有“死亡”，其内部的分子、细胞层面的活动依然在持续，但对祖祖辈辈都习惯了的地球强磁场却感受不到了。所以，它一定会因此而出现“感知混乱”，进而产生变异。科学家们之所以花费巨资建造“零磁空间实验室”，正是为了模拟这样的“弱磁环境”。而在太空中，这个环境却是现成的。

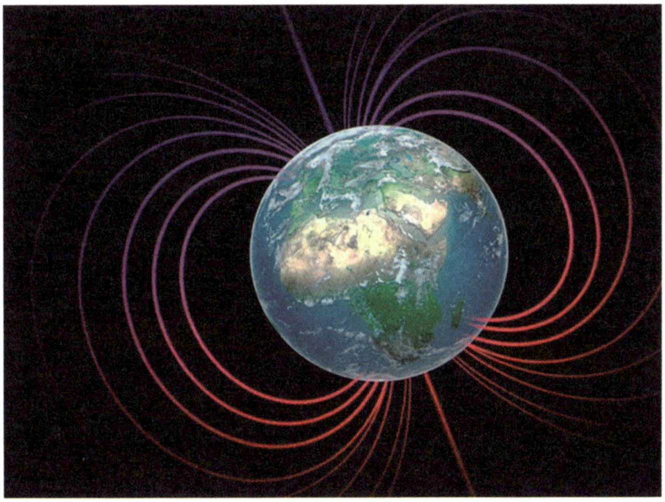

地球磁场形态示意图

第三个特点是“强辐射”。这是对种子基因发生作用的最凶猛、最迅速、最关键的空间因素。

如果说前两个特点即“微重力”和“弱地磁”，都只是“航天育种战役”的“战场环境因素”，就好比战争年代真实战场上的天气热不热、风雨大不大、雾霾重不重等因素一样，只是作战时面临的环境因素，它们也会影响到战斗的实际进程，有时也能决定战争的胜负，但并不是关键因素。真正决定双方战争的关键因素，是弹药，比如双方部队手中的枪弹、炮弹、火箭弹、导弹，以及炸药包、地雷、手榴弹等。没有这些，仗就打不成。

对“航天育种战役”来说，太空中的“强辐射”便是宇宙赠送给航天育种专家的“弹药”。是它们，在微重力、弱地磁等因素已经开始促使植物种子发生与在地面时显著不同的变化的基础上，针对每一粒种子、每一个细胞、每一段基因甚至每一个分子，密集进行精确打击。

这种“强辐射”实际上就是强能量，究竟都包括哪些东西？它们是如何产生、从哪里产生的？为什么如此强大，而且还一直都有？这个问题，还得回到恒星的“生与死”这个“重大问题”上。

与人类区区几十年、顶多上百年的寿命相比，恒星的生命周期实在是太漫长太漫长了。像太阳这样的中等恒星，已经诞生 46 亿年了，至少还能再活 50 多亿年。而那些比太阳小很多、内部核聚变仅能维持而不剧烈的矮恒星，则能活几百亿甚至上千亿年。所有这些与太阳一般大或略大一点的恒星，以及数量更多、比太阳小得多的矮恒星，最终只能演变为红巨星、再到白矮星，最后冷却成为黑矮星而缓慢死亡，却不会在死亡瞬间发生惊天动地的超新星爆发。

真正够猛的，是超新星爆发。就是那些质量远大于太阳的巨型恒星，在死亡时会突然发生爆炸，中央部分会瞬间坍缩成为致密的中子星或黑洞，外围物质会以接近光速的高速度被抛向四面八方，同时会有巨大的能量以光速向四周飞去，奋勇向前，绝不回头。其中可能有极少数会被宇宙空间中的巨大星云、星际尘埃

大到一定极限的超大恒星死亡时会发生超新星爆发。本图为蟹状星云，是金牛座方向一颗超新星爆发后扩散而成的遗迹。1054 年 7 月 4 日，它的爆炸闪光在 6500 年后到达地球，被中国宋代一位天文学家发现并记录下来。当时它在天空中的亮度仅次于太阳和月亮。

团所阻挡或吸收，但绝大多数会一直在宇宙中长途奔袭、永不停步。

这些能量，包括光线、中子束、质子束、中微子、γ 射线、X 射线……还有很多目前没有确认的高能射线，总之个个都威力无穷，不可阻挡。直到现在，宇宙中也到处都是高能射线在穿梭，因为 138 亿年来，宇宙各地一直都有超新星在此起彼伏、接二连三地爆发。不要以为早期超新星爆发所产生的宇宙射线全都消失

如果发生中子星、黑洞之类特殊天体之间的冲撞合并，就会爆发大规模的 γ 射线暴，发出无穷能量。

了，不是的，因为还有离我们太远的超新星爆发产生的射线，目前还没赶过来呢！

还有，宇宙中充斥的可不只是超新星爆发时所产生的射线。超新星爆发后留下的中子星，也始终在发射着能量。至于更大的超新星爆发后留下的“超级遗迹”——黑洞，过去人们都以为它什么都吃，连光线都逃不掉，所以不会发射能量。后来才发现，黑洞在“吃东西”时，比如吞食一颗不幸靠近它的恒星时，黑洞两极也会各有一束巨大能量出现，以相反的方向喷射而出。

就连给予我们光和热的太阳，也在不停地发射各种高能射线。尤其是当太阳表面有耀斑爆发时，尽管总能量与超新星爆发相比完全是微不足道的，但因为离地球太近，威胁还是很大，会有大量的高能光子、亚原子颗粒、红外线、无线电波、紫外线、X 射线、γ 射线一齐向外喷射而出。

总体上讲，就好比宇宙里到处都是释放高速、高能射线的喷泉，忙忙碌碌，从不闲着。所以，我们的地球实际上是在来自四面八方、各种各样的宇宙射线中穿行的，每时每刻都是这样。好在地球拥有“超级防弹衣”（即磁场）和“超级海绵”（即大气

当恒星物质被黑洞扯碎、吞没时，并不是瞬间掉入，而是先在黑洞赤道外围形成一个以接近光速旋转的高速、高温吸积盘。受黑洞强磁场作用，部分物质会变成高能射线流，从黑洞两极以相反方向喷向宇宙空间。

层），它们把来自宇宙空间的绝大部分射线给阻挡住、吸收掉了，否则我们连一分钟都活不下去，各种射线会长驱直入，破坏我们的细胞和DNA。

但是，一个硬币总是同时拥有两个面的。当条件具备时，坏事也会变成好事，杀手也会成为朋友。尤其是当人类中出现了科学家，科学家队伍中又出现了航天育种专家的时候，高能宇宙射线这些致命杀手，也开始为人类服务了，因为它们将被航天育种专家们用来促发种子的基因变异、催生全新作物品种，最终推进林业、农业发展，造福人类社会。

这就是太空中“强辐射”这个重要特点的显著功用，也是人类将作物种子用航天器搭载上天的主要目的之一。

除了“微重力”“弱地磁”和“强辐射”这三个最重要、最明显的特点外，地外宇宙空间还具备其他几个特殊条件。一是“高真空”，因为几乎没有什么物质分子存在；二是“超低温”，因为几乎全是零下 270 摄氏度的低温环境；三是“极洁净”，因为没有什么细菌、病毒之类的东西能够生存。

所有这些，都已经足以让航天育种专家们大显身手了。

亿万年来，在地球表面诞生与繁衍的万千植物，受到某种异常刺激之后发生变异是很正常的。事实上，没有这样的刺激和变异，就没有现在地球上的美丽风景，也没有人类的日常食物。

但是，目前地球上的环境太稳定了。如果不发生小行星从天上一头撞下来这样的极端事件，如果人类不会爆发相互猛丢核弹头进而导致核冬天的自我灭绝行动，如果仅凭地球板块运动来慢慢改变地壳、地形、地貌及大气成分和温度的话，那这种状态至少还要稳定保持很多很多万年。

要想让某些植物基因在短时间内发生人类所希望的变异，那就只能把种子送到远离地球表面环境的地方去，而不是在地面上慢慢等待。虽然卫星轨道尚不能算是真正的宇宙深空，连月球轨道都远未达到，但毕竟也是人类科学家现在能付出的最大努力了。

种子上天后的奇妙变化

在地球上孕育而生、进化演变、长期生活的千万种动物，如果在没有特别保护的情况下被放到太空环境中，都会坚持不了几秒钟。也正是由于这个原因，各国才都会不遗余力地推进航天员所穿的宇航服的可靠性研究。早期航天探索的过程中，那些被作为实验对象的小狗、猴子等，之所以常常“牺牲”在太空中或往返的途中，有一个客观原因就是宇航服技术尚不过关。

而植物的种子，绝大多数不会在宇宙空间中立即死亡，它们一定会坚持很长时间。这是因为，多数种子虽然在自然状态下依然离不开空气、保持着“轻微呼吸”的状态，但它们也可以被长期隔绝，甚至在完全无氧、无水的状态下，以休眠状态维持生命。有的种子甚至自己就在种壳外面天生带有一层蜡质，彻底封闭内部与外界的联系，保持休眠状态，以防季节不到、条件不佳时贸然出芽而遭遇不测。直到有一天周围的条件成熟，才会重新复活。

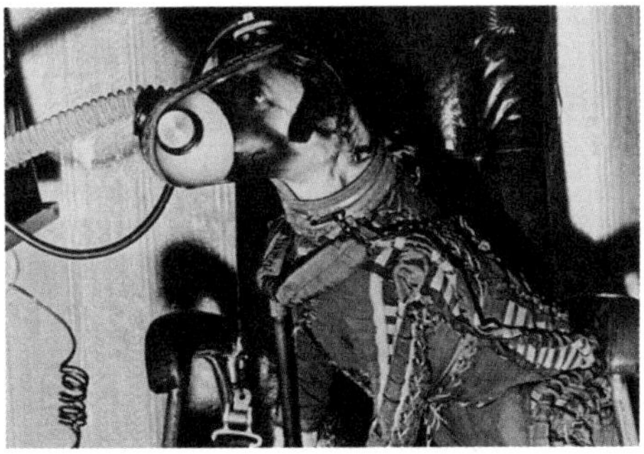

小狗莱卡作为第一个成功进入太空绕地飞行的地球生物，它就是这样坐在飞船中飞入太空的。

尽管很多种子在短短一年之后，出芽率会有所降低，但也有那种生命力顽强的植物种子，可以在极端封闭条件下休眠上千年，都不会死亡，在太空环境中也同样如此。

所以，当种子被送入太空之后，不会像裸露的动物生命体那样难以存活，甚至瞬间死亡。从表面上看，甚至人类肉眼都不会发现有什么变化。但是，能够坚持住而不死亡，不代表其内部不会受到各种宇宙空间因素的冲击。这些进入太空的种子，一定会发生重大变化，而且送它们上天的科学家们的目的也正是如此。

正常情况下，种子在太空乘坐航天器作绕地飞行期间，其变化是发生在身体内部的，而且是细胞、基因、分子等这样极端微观的层面。

植物种子就是植物体的幼体，主要由胚芽、胚根、胚轴、胚乳、子叶、种皮等部分构成。当外部条件成熟，比如水分、氧气、温度等条件都同时满足要求时，种子就会结束休眠状态，开始萌发。其中，胚芽发育成茎和叶；胚根发育成根；胚轴发育成连接茎和根的部分；胚乳或子叶在种子萌发时负责共同提供营养，有时胚乳的养料会先行转移到子叶中，有时子叶在幼苗出土后还能负责一小段时间的光合作用。

种子内部这些任务明确、协同作战的“小分队”，每个又都是由很多个细胞构成的。考虑到细胞的体积都是微米级的，而 1 微米仅仅是 1 毫米的千分之一，所以现在我们得把自己缩小到原来的百分之一，甚至千分之一、万分之一，才能钻到组成种子胚芽或子叶的无数细胞的某一个中去看看到底有什么。

此时，你会觉得大吃一惊，甚至以为自己只不过是一只小小的蜜蜂，不小心进入了一座有上千万人工作和生活的超大城市。一个超大城市所拥有的一切基础设施，如政府大楼、办事部门、通讯电缆、交通干道、食品工厂、储物仓库、超级市场、居民社区，细胞中全都有，可能还更加复杂。

每个细胞都是一个这样的超大城市。它有四面八方全封闭的城墙，那就是细胞壁，里面有成万上亿、各种各样的分子在活动。最大的分子是负责总指挥、总调度的脱氧核糖核酸，也就是DNA，紧紧地蜷缩在政府大楼，也就是细胞核之中。细胞壁与细胞核之间，是巨大的城市运转空间，即细胞质。这个空间之内，有无数的分子在跑来跑去，或将电流信号传来传去，好比食品运送车、医疗急救车、活动充电车、机动指挥车，通讯频繁而互不干扰，交通繁忙而互不撞车。这些井然有序的分子使单个细胞的活性、特性始终保持不变；那么所有细胞加在一起，单个种子的活性、特性也同样得以保持不变。当条件成熟、开始萌芽时，大家又都开始按照一个号令，履行各自新的职责，确保将种子生长发育成为一个健康的、与其父辈一模一样的植株体。

细胞中担负各种能量、营养、电流等信息保存和传递任务的，主要是种类繁多、数不清楚的蛋白质，没有蛋白质就没有生命，不论是动物还是植物；而负责对所有蛋白质进行指挥调度、生产制造的，就是盘坐在政府大楼里的那个最大的分子——“超级市长”DNA。当然，为了描述方便，细胞中还有承载容纳DNA的染色体、负责给各种蛋白质或蛋白质“制造车间”传递指令信息的核糖核酸，也就是RNA，以及其他大大小小、承担不同任务的分子，还有它们相互之间的具体工作过程，我们都“省略”掉了。

这个“超级市长”DNA是个很长的螺旋阶梯状的家伙，它由很多片段组成，每个片段负责完成城市某个功能的指挥调度任务并发出具体指令，这就是基因。一批基因组合起来，形成基因组，从总体上完成对城市某个区域，甚至对整座城市规模、功能、特征的具体限制和约束。当城市的发展扩张进入下一个阶段，就是当种子开始进入萌芽发育阶段时，正是这些基因组在负责控制种子所有细胞的每一个动作，直到长成大树或植株，而当这棵大树或植株完成生命旅程、进入死亡阶段时，就会在新的种子中形成同样的基因组。

这种固定形状、规定特征的传递，就是遗传。但如果受到某种力量的强烈干扰，就会导致DNA中的某个片段即某一条基因指令，或者说基因组中的某个具体基因，指挥蛋白质、制造蛋白质的指令出现异常变化，也就是基因“乱了”；有时，也会因为某种外来因素的强烈影响，基因在向“下属”发布指令或传递指令过程中，指令信息被“篡改”、变动了，也会导致蛋白质无法按“祖宗们”的既定习惯去工作。如果这些异常变化就此固定、未能自我修复，就会被传递给下一代。这样一来，种子再次萌发时，植株的外在形状、内部特征就会跟着发生显著变化。这就是基因变异的过程。

正常情况下，尤其是在地球表面这样一种相对稳定了亿万年的环境中，植物种子内部细胞的运行、基因组的构成，是很难发生基因突变的。即使有，其致变因素也常常难以搞清。是臭氧层突然出现空洞、导致太阳紫外线突然大增？还是突然有一束宇宙深空飞来的高能射线，恰好从地球磁场因受太阳磁暴干扰而出现的空当中乘虚而入、直达地面？要么，就是植物附近出现罕见异常极端天气，高强度雷电直击地面，产生了短促而强烈的高能电场？

这些原因，现在的育种专家都没有完全搞明白，早期的人类就更不可能探寻清楚并有意识地复制同样的条件了，所以就只能在大田里找啊找。这类突发异常条件，本身就很难发生；即使发生了，并且对少数植物基因产生了影响，人类也未必能及时找到这些植物。

然而如今就大不相同了，人类掌握了越来越强大的科学技术，已经能够在很大程度上模拟或再现极端异常环境和条件，以主动出击的方式去促发植物种子基因发生变异。过去是在地面建设微重力实验室、零磁空间实验室、强辐射实验室等；现在，有了强大的航天科技，可以将种子送到太空中去，直接面对那些一直存在、永远存在，并且综合存在的微重力、弱地磁、强辐射等极端条件。

一方面，太空种子所处的环境，总体上导致种子远离了它们曾经一代代适应了亿万年的地球表面，其内部的各种组成都开始有点“晕菜”了。

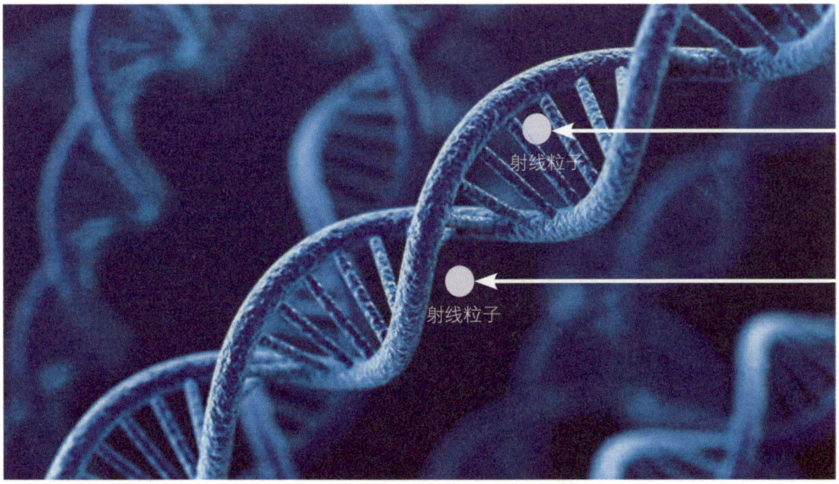

被射线轰击的 DNA 想象图

最明显的是，原本按地球表面重力、磁场等的强度和方向，来维持平时自我状态及相互关系的某类细胞、某个基因，甚至某群分子，以及其内部某股生物指令信息的产生、传递、作用等，现在都“乱”了，自我状态、相互关系等一定会变，变了以后就很难再调整回来，就一定会影响到将来发芽时的生长。再考虑到宇宙空间还同时具有真空程度极高、温度相对很低、周围又极其洁净等因素的存在，也都是地球表面不可能同时具备的，也会对植物种子内部各组成单元的运转产生较大影响。

另一方面，也是更重要、更明显、更关键的方面，就是密集而强大、带电而高能的宇宙射线，对种子内部各组成单元的强烈轰击。

与组成种子细胞的染色体、DNA、基因、蛋白质等各种单元相比，宇宙射线如质子束、中子束、α 粒子束、电子束、γ 射线、超高能中微子束等，都是“次原子级别”的。在宇宙射线面前，种子内部的那些细胞，简直就是一个个庞然大物。如果把某种宇宙射线流的某个粒子比做一颗步枪子弹，那么一颗种子的一个细胞的体积就比地球上曾经出现过的最大的恐龙还要大很多很多倍，甚至比美国怪兽电影《哥斯拉》中的变异怪兽哥斯拉还要大很多倍；而种子本身，简直就像是喜马拉雅山那么大了。

宇宙射线对种子的影响正如《哥斯拉》电影所描绘的那样，当人类面对比摩天大楼还要高大的哥斯拉并使用步枪打击时，步枪子弹肯定不会将哥斯拉“一击毙命”，哥斯拉甚至都不太在乎自动步枪发射的一连串子弹。虽然这些子弹无法将哥斯拉打死，但并不代表哥斯拉的身体内部没有受伤。单个步枪子弹对哥斯拉的身体整体没有什么威胁力，但一定会伤到其内部的某根血管、某条神经、某个关键部位。也正是因为如此，哥斯拉的动作才越来越迟缓，最终被人类用成群的导弹干掉。

这个例子，可以用来辅助想象宇宙射线粒子流击中种子的情况。只不过按比例参照的话，种子的体积比哥斯拉还要大，宇宙射线粒子的体积则比步枪子弹还要小，而且速度还更快、快到了不能再快的光速，能量还更高；步枪子弹显然无法击穿哥斯拉或喜马拉雅山，宇宙射线却可以轻松穿透任何一粒种子。

但是，就在穿透种子的过程中，宇宙射线流粒子却可能命中某个或某些染色体、基因片段、蛋白质等细胞内部的构成单元。这些单元都是“分子级别”的，或是“次原子级别”的。当这些单元被射线粒子流击中时，就相当于一个刚刚出壳、尚未长大、壳甲未硬的“小哥斯拉”，被步枪子弹击中了；按这样的比例，种子细胞相关单元不但会立即被射线粒子击穿，而且一定会“受伤”。结果，从整体上看，种子各细胞都依然是完整的，种子本身外表上也看不出来有什么变化，但其各细胞之内的构成单元本身，或者说单元之间的相互关系被改变了，尤其是对DNA的改变。

不论是动物还是植物的DNA，都具有将生命个体全部特征遗传给后代的“天赋使命”，所以它的存在就是为了复制自己、复制生命。为了完成这个大自然赋予的任务，DNA还具备在受伤之后进行自我修复的特殊能力，当它被宇宙射线击中之后，DNA上的某个或某几个基因片段可能移位、转向、脱落了；在基因进行重组的过程中，并不能完全按照受伤前的固定模样来恢复。于是，这个修复后的变化就这么保持下来了。当新的基因组合完成之后，这个DNA的主要特征与原来的没有什么大的改变，但一定会在某些局部特征上，或者说今后对细胞工作发布的各种指令上出现重大改变。这种改变，就是基因变异。

说到这里，大家应该对为什么要送种子上天有个基本的了解了。只有这样，才能满足人类对种子的更大规模、更高质量的要求，才能为推进林业草原、现代农业的发展和实现绿色中国提供更为全面和强劲的科技支撑。

但是，并不是任何种子都有资格上天的，也不是所有种子到太空中转上一圈，回来后就能立即被大量采用并发挥效益。我们的航天育种科技专家们还有很多工作要做，而且有些工作要做到前头。

第八章

引领时代

2011年4月，“2011西安世界园艺博览会”隆重开幕。这届世园会特设的“航天植物及航天科普教育展示区”，首开历届世园会之先河，观者如潮，赞誉腾涌。原因是，展示区内出现大量似乎来自外星的奇异植物，比如重达200千克的“南瓜霸王”，单株枝叶覆盖面积超过150平方米、能结1万多颗果实的“番茄部落”，产量高达4000千克/666.67米^{2}的“线椒之王”，还有许多植株特别高大、花朵特别繁多、颜色特别鲜艳、花期特别长久的“花卉之尊”……这些，其实都是航天育种专家的功劳。而近些年来，类似的场景正在中国大地上纷纷涌现。

可能有人会问，既然太空环境如此独特，那是不是随便找个种地的人，请他任意抓一把种子，放到返回式卫星或载人航天器上，到太空中转一圈，回来后种到地里，马上就能获得全新的优质品种了呢？

没这么简单。

千淘万漉始到金

现在，不妨把航天育种的定义概括一下。简单讲，就是利用载人飞船、返回式卫星、空间实验室、空间站等航天器，将植物种子带入太空，利用太空环境中同时存在、但地面上难以模拟的那些特殊条件，诱发种子的基因发生变异。

而这，只是航天育种科技的一个环节，并不是全部。

当种子被送入太空、暴露到宇宙射线流中时，并不是每一粒种子的基因都会朝着人类希望的方向发生变异，甚至也不是每一粒都会发生变异，因为宇宙射线虽然无处不在、无时不有，但种子在太空中停留时间是有限的，也没法转遍地球上空每个位置，所以并不能保证一定会被射线流穿过。

1999 年 11 月 20 日，“神舟一号”飞船发射成功。从此，作物种子便在以往返回式卫星“便车”“专车”基础上，又有了强大的“动车系列”。

根据多次试验的累积统计，送入太空停留数天的种子，平均只有 0.05% ~ 0.5% 会发生可以观测到的基因突变。就是说，1000 粒同样的种子里面，只有多则 5 粒、少则半粒会发生变异。

这么一个看似很低的概率，就已经远远超过只有二十万分之一的“自然变异”的水平了。而在这些寥寥无几的变异种子中，朝着抗倒伏、抗疾病、抗虫害和早成熟、高产量、多开花等好的方向转化的，依然只是少数。更多的，是某些重要基因不幸被宇宙高能射线给破坏掉，种子反倒更容易生病了，产量反而变少了。

太空环境对种子细胞的影响，不是人类所能主导的。人类的科学技术虽然已经足够发达，但还没有达到能够预测宇宙射线强度、种类，并加以控制和指挥的程度。宇宙射线是以光速前进的，在它击中某个目标之前，这个目标不可能提前预知。人类不可能发射什么超光速运行的探测器，跑到远方先去截获射线，然后再回过头来向地球发出超光速报警信号，通知人类早做准备，这是完全不可能的。

所以，种子在微重力、弱地磁的太空中作绕地运行时，一方面会受到宇宙高能射线的照射，另一方面却无法预知会发生什么。

不过，虽然变异后的种子所占比例不大，甚至少得可怜，但并不代表其价值和意义不大。这就好比一座金矿，哪怕是世界上最具开采价值的金矿，从成吨成吨的矿石中能够提炼出几克、最多 10 多克黄金来，就很不错了。总不能因为金矿里面“石头太多、金子极少”，就说它不是个金矿吧！

航天育种就相当于开采金矿，只要付出劳动就一定会有收获，而且是不可替代的收获。当然，科学家们也不可能完全随意地抓一把种子就朝天上送，而是尽量对种子变异方向加以引导，办法就是提前把最好的种子挑选出来。这就是航天育种的第一步，即种子筛选。这就好比组织一队运动员去参加比赛，总得把体能最好、体质最强、训练最多的运动员选出来。从马路边随便拽个路人甲、路人乙，显然行不通。

这个选种工作并不轻松。同样一种植物，特别是农作物的种子，南方的与北方的就不大一样，甲研究所开发的与乙研究所开发的也不相同。同样一个型号的新种子，哪怕看上去都很饱满、健康，但第一代与第二代也不相同，这块地与那块地里生长的也

“神舟三号”搭载的部分种子

未必相同。

总之，必须要千辛万苦地寻找、对比、筛选，把那些真正能够代表同类植物“最先进、最优秀、最强大”性能的种子找出来。这样的种子，就是不去太空接受照射，而是直接播种到地里，保持优秀品质的可能性也很大。假若再把它们送入太空，在发生变异时朝着人们所希望的好的方向转化的可能性当然也就更大。

种子选好了，接下来才是航天育种的第二步，即太空诱变，就是把种子送上太空。这可不是随便哪个国家就能做到的，除了拥有雄厚的科技实力外，还要有强大的国力。

当种子安全上天后，还要依靠电脑控制，或由航天员操作，对种子的生存状况随时加以监测，还要计算航天器角度、地球位置、太阳方向、距地高度等各种具体的细节问题，以保证在有限时间内尽可能与更多的宇宙射线发生“交集”，受到更强烈的射线“轰击”。

最后，种子安全返回地面，回到了航天育种科学家们的手中。之后，便是真正艰苦而又漫长的、航天育种的第三步，即地面选育。

为何还要搞地面选育？因为具体到某一粒种子，它在太空巡游的过程中，究竟有没有受到足量的射线照射，有没有发生变异、发生了何种变异，谁都不知道。如果运用现代生物高科技，把每粒种子都打开，把它们的DNA和携带的基因都放大了察看一遍，再与没有上过天的同一批种子对比一下，那倒是能够得出一些结论。但这显然就把上过天的种子给破坏掉了，而且针对植物种子的生物技术研究也没有达到对每一条DNA、每一个基因段反映什么信息都了如指掌的程度。

办法只有一个，就是把种子播到土壤中，让它们发芽、成长、开花、结果，然后再与其普通同类相比较，看看究竟有没有变化，或产生了什么样的变化。

这项工作之所以艰苦而又漫长，是因为它是以“年”为单位而不是以天、月为单位进行的，而且是从种子播下后的那一刻开始，要持续好几年。这是一个需要高度专业知识、极强耐心、细心的工程。某一粒太空种子入土后，出苗速度、生长情况，包括全株的茎、杆、须、叶、花、果，每一个要素，每一步变化，每一点不同，都要转化为精确的科研数据，记录下来，多数情况下还要用到分子标记等高科技的育种技术。

这还只是第一年的工作，重点是针对一批太空种子的出苗、发育、成熟情况，逐粒逐粒、一株一株地相互对比，而且是一个数据、一个数据地巡回对比，然后再从这一批种子的第一代后代中，再次选出更强、更好的，因为哪怕是同一批在太空中同时发

地面实验室反复培育初选

生好的变异的种子，在地面发芽、成长、成熟的过程中，依然不是平均的，同样也会出现有好有差的明显差异。

导致出现这种差异的原因，主要还是看种子内部的基因有没有把它的优秀品质向后代遗传的能力。有的不行，有的可以。对这些可以的，就收集起来，来年再种，再次观察。

为何还要再次观察？因为植物种子发生变异，而且将优秀品质成功遗传给第一代后代后，还要再来几轮才能放心。于是，同样的工作还得继续。一共要几年？按照现代农业科技的实验规律，平均每一类种子都需要 4 年。也就是说，上述从播种到收获、从选优到选优的工作，要反复进行 4 轮。

在此期间，有时还要对种子进行高空气球辅助照射、地面强辐射实验室照射等各种“加强”性的补充工作，有时还要像勤劳的蜜蜂那样极其精心地进行同类植株之间的授粉，促成其实现“自交”，否则便没法得到下一代种子。哪怕是对已经证明“不行了”的，只能忍痛淘汰掉的种子或植株，也不会一丢了之，而是要以同样认真的态度，从根到茎、从叶到须、从花到果，测量、化验、分析、对比，力求找出其“败亡”的真正原因。

到第四年，如果真正确认一批太空种子发生了好的变异，并且成功地保留下来，进入稳定状态，能够连续四代向下遗传了，这些种子才能真正脱离科技实验室层面，成为农业实践意义上的“新品种”。

如大浪淘沙般历经千挑万选保留到第四代的种子，普遍都具有远超其未曾上过太空的“祖先”的优异品质，有的产量高，有的出油多，有的特强壮，有的更好看，有的更好吃，有的更环保，等等。

问题是，每个类别的太空种子，都不是一粒，而是一批；出苗后也不是一株，而是一片。每次返回地球的种子，也都不是一类，而是很多类。对其中的每一粒、每一株，都要像这样如抚育婴儿般精心对待，连续数年优中选优，这是多么繁杂的工程啊！

所以，每一个担负地面选育任务的航天育种科技产业基地、示范园区、试验田，都是一个巨大的新品种选育“实验室”，里面有大量不同品种的太空种子，在露天或室内环境中，在科学家们的精心照料、严密观察、测量计算中，从生长发育到开花结果。为了让种子将来能够适应更多地区的气温、土质、水情等不同条件，还要尽量让太空种子在贴近自然的环境中生长。也就是说，太空种子和它们的后代太空植物，以及与它们朝夕相处的航天育种科学家们，都是不分寒暑甚至风雨无阻地在努力拼搏着的。

这样的工作，这样的人群，完全是集生物学家、植物学家、气象专家、核物理专家、统计专家以及标准农夫等多种角色和责任于一体的。可见，航天育种专家们的工作，真正是“千淘万漉虽辛苦，吹尽狂沙始到金”！

没有这些艰苦而漫长的地面选育工作，就无从得知种子在太空中究竟发生了何种变化，更无从得知这些变化中哪些有益、哪些有害，还无从得知有益的变化中又有哪些能够成功遗传，进而

太空种子种植试验田

培育出成功的新品种。

我们在本章开头所举的令人惊叹的“南瓜霸王”“番茄部落”，以及目前遍布全国各地的数不胜数的太空种子、太空植物，都是这么从地面到太空、从太空回地面，一步又一步、一年又一年地艰苦选育而成的！

| 绝不存在放射污染 |

说到这里，一定会有人开始关注一件事了，那就是高能射线。没有射线，没有 138 亿年来始终在宇宙中四处奔袭、汹涌不断的高能射线，就没有现代人类的航天育种。

与放射性重原子核发出的那点能量相比，宇宙射线、太阳风暴显然更厉害，但它们在太空中对植物种子的作用是瞬间完成的。种子虽然出现基因变异，却只是接触过射线，而不会接触到任何放射性物质，更不可能带着放射性回到地面。

但是，一想到“射线”，就有很多人觉得跟射线有关的东西都是危险的，碰不得的，因为很容易从射线联想到另一件事——核。核爆炸、核电站、核燃料、核废料、核泄漏、核沾染、核辐射……是的，所有与核工业、核武器有关的“核”，都是放射性，实际就是铀、钚等重元素转变为轻元素，并在转变的过程中向外放射能量，这些能量就是射线。而转变的方式，要么是自然状态下的稳定衰变，要么是人为诱发时的瞬间裂变。

比如桌上放块重金属铀－238，哪怕你从来不管它，44.68 亿年后它也会有一半衰变为铅，这个时间就是它的半衰期。当然，铀并不是直接突然变成铅的，而是经历了复杂的过程，但结果就是变成了铅。如果是它的另一种同位素铀－235，那么半衰期就会缩短为 7.04 亿年。衰变后变成的铅，与剩余的铀加起来的总质量，也就是它们在地球上的总重量，会比原先的一整块铀减轻许多，这就是重元素在自然状态下的稳定衰变。

丢失的质量去哪儿了？全都变成能量，主要是 α 粒子向外辐射掉了。这种放射性衰变也是一种自然规律，人类无法阻止。你可以用厚厚的、不会衰变的铅板挡住铀衰变时发出的射线，但无法阻止铀原子本身的自然衰变。著名科学家居里夫人发现的金属镭，也有强放射性，其中最稳定的同位素镭－226 半衰期约为 1600 年，就是说 1600 年后会有一半变成氡。

至于人类诱发而产生的快速裂变，情况就更为严重，比如原子弹爆炸。当铀等重元素物质满足临界体积等基本条件后，突然用中子去轰击它的原子核时，就会引发核裂变，瞬间释放出巨大能量，同时放出更多的中子，去轰击更多的重原子核，形成链式反应。但是在链式反应过程中，并非所有原子核都发生裂变了，而是有相当多的重原子核不但未能裂变，而且被爆炸抛洒得到处都是，然后它们还会继续不可阻止地缓慢发生着自己的稳定衰变，不停地朝外发出能量射线，这就形成了“核污染”。

在人类记忆中，这种由重元素原子自然衰变或快速裂变时发射的能量射线，都是对人体极其有害的。二战期间，日本遭受美军原子弹轰炸后的幸存者所受的病痛折磨，苏联时期切尔诺贝利核电站事故后留在原地的各种动物出现的奇怪变异，都清楚地表明核辐射对人和动物非常有害。造成伤害、促发基因变异的，正是重元素原子裂变、衰变时发出的能量射线。

但是，这种射线的作用距离十分有限，力量也很弱。尤其是单个核原子或几个、几十个核原子发出的射线，作用距离和强度都极其有限，有限到可以忽略不计。尤其是铀衰变发出的 α 粒子，用一张纸就能挡住！

那些遭受核辐射的人是如何受到伤害的呢？答案就是被作为放射源的核物质给直接沾染了。所有处在核污染环境中、被核物质辐射伤害过的人或动物，都是因为与衰变中的原子发生了极近距离的密切接触。其中，有很多人、动物是因为在被动、被迫或茫然不知的情况下，把核放射物质的原子大量地吃下去、喝下去、吸进去，或者沾在皮肤、毛发上了。这就等于是无数个极小的放射源，在持续不断地对细胞、基因进行“贴身攻击”。

发生过严重核泄漏事故的切尔诺贝利核电站附近，为什么后来会出现许多体型超大的怪异老鼠？就是因为它们的父辈、祖辈，在觅食活动的过程中，沾到、吃下或吸入了带有放射性的核物质原子，然后这些原子就会一直在其体内攻击、伤害细胞和基因，导致基因发生了遗传性变异。

反过来讲，如果给一只老鼠穿上带有氧气瓶、饮水瓶、食物罐的，完全密不透风的防护服，那它在核电站附近怎么活动都没有危险，因为没有一个核物质原子能够碰到它，所以它就非常安全。

我们再打个比方，一支圆珠笔笔尖内的小金属珠，很小，小到落到地上都不容易找见，小到你把它烧红后放得离皮肤很近也不会被烫伤。但如果你把它按到皮肤上，那它一定会把你烫伤，直到它变凉。问题是，铀、钚等重元素的原子却在亿万年里都不会“变凉”，它一直都像圆珠笔笔尖小珠在红热期间那样发出能量，绝不停止，直到完全衰变为铅。如果这些重元素原子沾到了你的皮肤上，或者被你吸入、吃下，那它就会一直伤害你。

核放射物质对人和动物的伤害，就是这样造成的。反过来说，只要保持与核物质的隔绝状态，比如穿上厚一点的防护服，戴好防毒面具、手套，扎好领口、袖口、裤口，然后哪怕就直接从核沾染区走过，身体也不会受到伤害。当然，如果真这么做了，脱离“险境”后还要赶紧用净水大量冲洗，在核防护领域这叫“洗消”，就是把身上可能沾染的放射物去掉，然后丢弃那些防护衣服，换上干净衣服，以保证高枕无忧。

而且，哪怕是从爆炸区、放射区拿出来的物体，虽然它被严重辐射过，但只要进行严格洗消、确认它里里外外都不带一个放射源原子了，那就尽可以摸它，甚至吃它、喝它、闻它，都不会有事。因为对这个物体来说，放射已经结束，不会再有新的射线产生，除非再次受到“核污染”，即重新沾染到新的、正在衰变的重元素原子。

平时，大家之所以都不敢也不应该碰这类东西，是因为无法断定上面是否还带有放射性物质沾染。确实，只要没有专门被洗消、检查过的，多半确实会有，并且可能还有不少放射性物质沾染，所以就总是带有放射性。比如居里夫人用过的实验器材、书籍资料、工作笔记，到现在都用厚铅箱子封存着，没人敢轻易翻动，因为上面全是当初沾上的放射性物质镭。如果去除了这些镭，一个镭原子都不剩，那就可以随便摸、随便看而不会被辐射。

现在，大家就都该明白了，我们需要提防的“核辐射”，其实是那些始终在放射新射线的重元素物质。而且这种提防其实很简单，不要靠近，不要接触，更不要吃下、喝下或吸进去就没事，因为它们的单个原子发出的射线距离实在是有限。

了解这些之后，至于到近地宇宙空间转了一圈又回到地面的太空种子是否受到核污染的问题还用担心吗？完全不用，因为它们在太空中除了接触宇宙深空飞来的、完全不带重元素放射性物质的高能射线之外，根本不可能接触到铀、钚、镭等不断发生自然衰变的重元素原子。为什么呢？我们不妨再归纳一下：

第一，从源头上讲，宇宙射线都起源于极远空间中的超新星爆发、中子星脉冲、黑洞辐射等，都与核裂变无关；离地球较近的太阳发出的能量，也同样都是产生于聚变而非裂变，同样不可能带有放射性。只有超新星爆发瞬间所制造的比铁重的某些元素的原子才具有放射性，但它们却不能跟着射线一路飞奔，事实上，任何一个物质原子都无法跟着射线到处跑，都只能留在超新星爆发点附近的空间内，在漫长的时间内慢慢扩散。

第二，从终点上讲，宇宙射线到达地球上空时，仅仅是作为能量而不是质量出现的，并未携带任何铀、钚、镭之类的永久性重元素原子核放射源，就连一个实实在在的原子都不可能携带，否则便不可能达到光速，更不可能跑这么远。

第三，从过程上讲，宇宙射线对种子的照射与冲击都是瞬间完成、直接穿过的，然后沿原来的方向和路径继续以光速飞走，不可能随着种子来到地面。它想来也来不成，因为有地球大气层和磁场在阻挡！

所以，太空种子只是内部基因在宇宙射线的冲击下，发生了一些这样那样的变异，但却绝对不会带有放射性。

现在，估计又有人要问了：“好吧，我明白太空种子都不具备核辐射危害了。但是，它们在太空中毕竟是发生了基因变异，那是不是转基因呢？”

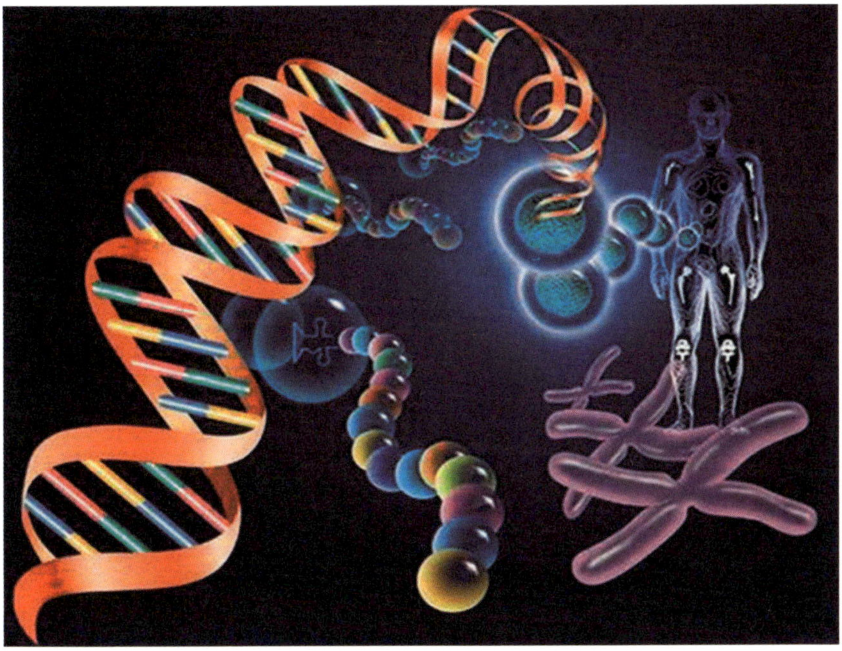

太空种子、太空植物与放射性核辐射没有半点关系，更不会对人的基因造成不利影响。

答案是：不是。太空种子确实发生了基因变异，但这种变异却不是转基因。

所谓转基因，是指将某种生物，比如把植物甲的基因中的一个或一组片段，转移到另一种完全不同的植物乙的基因中，两种植物的基因组合之后，创造出一个新的生物——植物丙。植物丙可能与植物甲或植物乙外形有相似之处，但三者的基因组却各不相同。

简单说，转基因就是在某种基因中引入外来基因。而太空种子所发生的基因变异，却完全是在某个种子的单体内部独立完成的。当种子在太空中被来自四面八方的高能宇宙射线“轰击”时，其内部DNA上的基因链条中，会有一个甚至多个发生断裂、扭曲、重组等变化。但不论如何变化，都是在种子内部完成的，没有任何其他种子的DNA的干涉和参与。

所以，太空种子只是在“变基因”，而不是在“转基因”；小麦依然是小麦，只不过产量更高，或更抗倒伏；青椒依然是青椒，只不过个头更大，口感更佳。总之，永远不会“小麦吃出青椒味，青椒用来做面包”。

如果还有人说，虽然没有核辐射，也不是转基因，那说不定还会有其他尚未发现的潜在问题呢！这个也不会，因为自打种子返回地面那天起，航天育种专家们就对它们进行里里外外的全方位检测化验、观察培育，而且是长达4年的反复进行，哪怕发现一点点“拿不准、说不清”的异常表现，都会立即将其剔除。事实上，联合国国际粮农组织、世界卫生组织、国际原子能机构早已联合认定，太空种子是当之无愧的“安全种子”。

所以，请大家不必对太空种子、太空植物心存疑虑。放开胸怀，支持和拥抱我们的航天育种科技产业吧！

为什么要强调是“我们的”呢？因为只有我们中国，才会从林业草原、农业农村、生态建设、人类发展的战略高度，一直借助航天科技迅猛发展的强劲东风，扎扎实实地推进航天育种事业向纵深发展、向高端发展。时至今日，中国的航天育种已经当之无愧地在全世界引领时代了！

中国成就无与伦比

中国航天科技的迅猛发展，为中国航天育种科技产业飞速进步、全面扩张、逐渐成熟、进入应用、造福人类提供了前所未有的“强劲推动”。在这件事上，中国航天、农业、林业、环保等各个相关行业及背后的最高领导层、决策者所表现出来的战略眼光、务实态度、责任意识，在全球范围内都是首屈一指、无与伦比的。也正是这种可贵的态度，使得中国航天育种科技后来居上，遍地开花，毫无悬念地迈进到领跑全球的水平了。

诚然，欧美国家如美国、苏联等国早在 20 世纪 60 年代，就充分认识到了太空环境能够诱发植物种子基因发生变异的独特优势，并进行了初步探索。他们的科学家都曾用返回式卫星将植物种子搭载上天，并且惊喜地发现返回地面的种子的染色体畸变频率有了较大幅度的增加；美国曾把番茄种子送上太空，在随后进行的地面试验中也成功获得了变异后的全新番茄，而且没什么毒性，完全可以吃。

后来的俄罗斯，也曾把经常用来做圣诞树的几种松科云杉类植物的种子送入太空，之后便在西伯利亚等地区大面积种植，发现去过太空的“圣诞树”种子，有一些长成了更加高大的树。到

航天员在国际空间站内进行了大量蔬菜种植实验

2002 年 6 月，美国的威斯康星大学空间实验室有意识地进行植物基因空间诱变工作，把玫瑰、大豆等种子送上太空，希望能获得玫瑰油含量更高的新种子、长势更好的新大豆。前几年，美国的航天员又在国际空间站中成功培育出生菜，而且还当场蘸着佐料把这些生菜给分吃了。

现在回过头来看，这些国家都没有在这方面成体系、上规模，都没有进行足够多的研究探索，都只是浅尝辄止。主要原因是，这样的研究探索非常耗时耗力，见效很慢，不符合一些国家所看重的“小投入大产出、快投入快产出”式的基本要求。或者说，如果要用几年时间去试播、培育、筛选一粒种子，还不能确定它能否稳定遗传、形成新品种，也不知道它能够产生足够规模效益的话，这些国家是不会感兴趣的。至于世界上是不是还有大批的人因为种子不行导致粮食生产落后而吃不饱饭，地球上是不是还有大片的沙漠、荒地、戈壁需要使用全新植物品种进行绿化改良，他们是不会操心的，顶多是让自己的科学家试验性地搞一搞，填补一下该领域的空白，做一点技术储备，就差不多了。

此外，还有一个重要原因，就是这些国家普遍人口相对较少，可耕种土地很多，而且农业管理方式、农业科技水平本身就很发达，农作物产量大、品质高，自己吃不完的还用于出口，所以短期内不会有大规模发展航天育种科技产业的内在紧迫感。尤其是送种子上天与播种子下地，两者不是一回事。前者不容易，后者更艰苦。如果没有整体性的举国需求，那就不会有太多的人去做。

真正为此高度负责并持续探索的，只有我们中国。

1987 年 8 月 5 日，我国第九颗返回式科学试验卫星成功发射。与以往人类进行的同类试验不同，这次科学家们有意识地放了一批作物种子在卫星里面，这些种子就这么破天荒地来了一场不花钱的太空之旅。其实，当时科学家们也不完全是从选育优种的角度去考虑的，而是想看看空间环境对植物的遗传性是否有影响、会有什么样的影响。

1987 年 8 月 5 日，我国成功发射第九颗返回式卫星。与众不同的是，这颗卫星除完成既定科研任务外，还破例搭载了辣椒、小麦、水稻等作物种子。

没想到，科学家们拿到返回地球的种子，并进行了一系列新的科学试验后，惊喜地发现，上过天的种子中果然发生了一些意外的基因遗传变异，更关键的是，其中有些变异正是人类一直期盼的。中国的航天育种科技研究就此发端，并迅速繁荣，独步全球。

当然，中国之所以能够领跑世界、形成产业，并开始推动现代农业特别是现代种业向更高层次迈进，既是航天科技发展到世界领先水平的必然结果，更是解决人口众多、耕地偏少、粮食短缺等现实问题的紧迫需求。

不这样不行啊！中国是世界上首屈一指的人口大国、农业大国，可耕地面积不多。看看中国地形图，西北的大片沙漠，西南的大片高原，都不是能够盛产粮食的地方。中国的可耕地面积在国土总面积中所占的比例，在世界上是较低的。

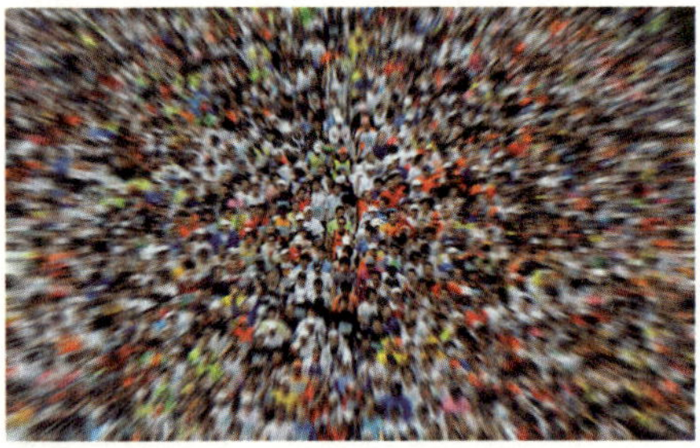

特殊国情（中国人口众多，可耕地面积所占比例在世界上较低）

而目前中国的人口却又是世界上最多的，这就导致人均耕地面积更少了。按 2009 年年底统计，我国人均耕地面积仅为 1013 平方米，不足世界人均耕地面积 2253 平方米的一半。近年来，随着各地工业、房地产业的过度扩张，再加上环境污染，我们现在可能连人均 1013 平方米都达不到了。

更严峻的现实随之出现。2011 年，我国大米由净出口转为净进口。从此，我们粮、棉、油、糖等主要大宗农产品呈现出全面净进口之势，导致我国农业发展、粮食安全面临着越来越不利、越来越严重的影响。

而且，中国尚未真正实现农业现代化，以包产到户为主体的耕地分配、使用、管理方式，决定了难以广泛使用现代大型农业机械和设施，甚至很多地方的耕作方式与几千年前的中国古代农村没什么差别。最近这些年来，农民工大批进城务工、农村青年考上大学后就不再返乡、很多农村常住人口以老弱病幼为主等一系列现象，又进一步加剧了农业生产效率、农田维护水平、水利设施建设规模等方面的严重落后。

这些问题，不解决已经不行了。那解决问题的关键是什么？只能是种子。种子是耕作的前提；种业是农业和林业、草业的根本。

中国作为人口大国、农业大国，自然也是种子的需求大国，年种子需求量高达 125 亿千克左右。然而，国内种业市场上，本土企业份额仅占 20% 左右，其余 80% 的市场份额全都被外资企业瓜分。原因在哪里？就是因为长期以来的农业落后、科技落后，导致育种理论和技术创新较为薄弱。多年沿用的利用自然条件选育、借助专用实验室小批量人工培育，在时间上、效率上、规模上、效益上都已经远远不能满足需要。

据报道，2010 年，国家农业部做过一项调查，结果发现全国种子企业超过九成不具备科研能力，真正具有研发能力的企业不足百家，而且效率也不能与国外相提并论。国外种子公司一年推出几十个新品种，而国内公司几年才出一个。如果再扩大到林业、草业，也同样面临着急需国产优质树种、草种的问题，以适应不断拓展的防护林建设、荒漠化土地治理工作。

需要注意的是，不论哪种手段培育出来的新种子，进入大规模应用阶段，一代代种植下去，它的整体性质会逐渐退化。这是自然规律，谁都无法抗拒。如果不能提升本国种子新品种的持续研发能力，或研发效率不高，单纯依赖国外种子，最终被国外企业大量控制的情况就将愈发严重。

照这样下去，中国农业、林业、草业等领域所需要的种业，必将走入"死胡同"，进而导致国家粮食和经济作物、林木生产被国外所控制，最终影响到国家整体安全。

希望在哪里？

终于，随着我国第九颗返回式科学实验卫星搭载种子上天，并如愿以偿成功发现种子发生了在地面难以发生的新型变异后，中国种业甚至是中国农业、林业的新曙光出现了。之后，随着一批批科学家团结一心、倾力拼搏，这个在地平线上微微露出的曙光，迅速上升、扩大为满天彩霞。

航天育种科技在中国甚至在全球异军突起，一批批种子接连上天、遨游太空，然后带着中国人民甚至是人类的希望，成功落地，生根发芽。对我们来说，就只有期待，期待科学家们继续努力，取得更多、更好的成就。

令我们为之自豪的是，放眼全球，能够从本国作为农业大国、人口大国的现实国情出发，充分发挥航天高科技迅猛发展的自身优势，努力将航天育种做成一种产业，并且一直遥遥领先的，就是我们中国。首次实施“种子太空之旅”16 年后的 2003 年 4 月，经国务院批准，国家发改委、财政部、国防科工委批复了农业部、中国航天科技集团联合编制的航天育种工程项目可行性研究报告。自此，中国航天育种工程项目正式启动。

2006 年 9 月，“实践八号”育种卫星在酒泉卫星发射中心成功发射。这是我国第一颗专门用于航天育种的卫星，上面装载了粮、棉、油、蔬菜、林果、花卉等 9 大类共 2000 余份、约 215 千克的作物种子和菌种，在太空运行 15 天后，成功返回地面。这次的搭载种类和数量是我国自 1987 年首次实现“种子太空之旅”之后规模最大的一次。

后来，国家林业草原行业管理部门也正式加入进来，航天育种事业的天地随之更加开阔，责任也更加重大。比如 2018 年 8 月，由航天神舟生物科技集团有限公司与杨凌现代植物培育引种示范园合作共建的航天育种种质资源研究中心和航天育种联合实验室（种质资源库），在陕西杨凌农业高新技术产业示范区挂牌成立。这个种质资源库的任务之一就是完成国家林业和草原局三北防护林建设局委托的“三北防护林”20 个树种的航天搭载、选育等工作，旨在为我国沙漠地带干旱半干旱地区的林木花卉种子繁育、推广闯出一条新路。

截至目前，我国已经进行了 30 余次的航天育种搭载试验，

①

②

③

④

⑤

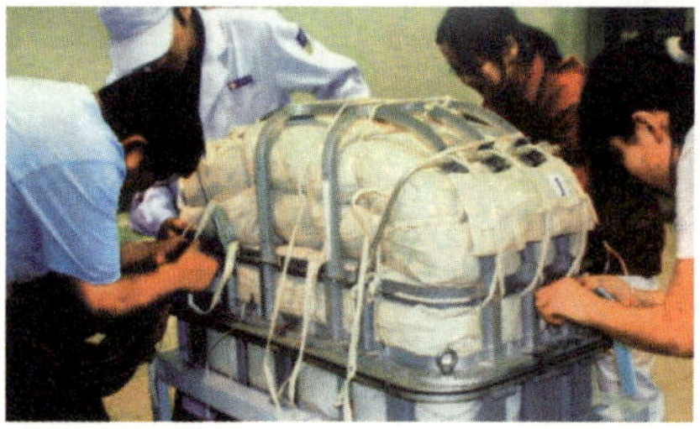
⑥

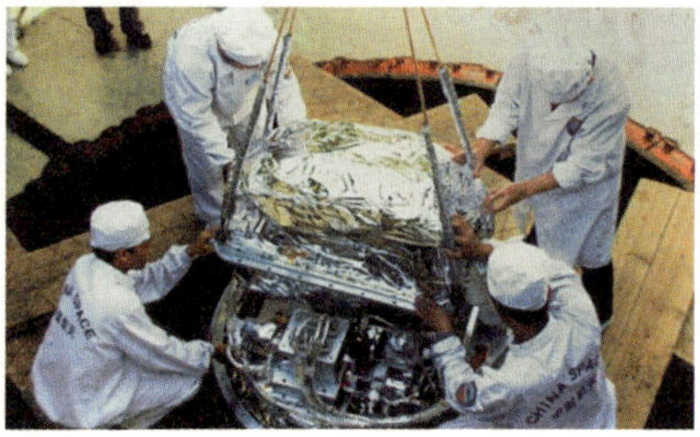
⑦

① 2006 年 9 月 15 日，我国成功发射“实践八号”返回式育种专用卫星，共搭载粮、棉、油、蔬菜、林果、花卉等 9 大类 2000 余份、约 215 千克作物种子和菌种。
② 载有大批种子的“实践八号”成功返回地球。
③④⑤ 在“实践八号”上进行的植物在轨生长实验。
⑥ 装入“实践八号”卫星前，先将种子“打包”。
⑦ 将打好包的种子装入“实践八号”卫星。

先后有 6000 余份种子亲本材料被搭载上天，经过科技专家艰苦而漫长的精心选育之后，已经有 200 多个品种通过国家和省级审定，3000 多个品种正在地面选育过程之中。国家农业、林业等

航天育种种质资源库揭牌仪式

领域急需的水稻、小麦、玉米、大豆、油菜、棉花、花生、芝麻、番茄、青椒、莲藕、苜蓿等航天育种新品种，均已相对成熟并得到大量推广。

除种子之外，我国还进行过将植物本体送入太空进行研究探索的成功实验。2002 年 2 月 24 日，“神舟三号”无人飞船搭载着葡萄、树莓、兰花这 3 大类别共 6 个品种的植物，在太空遨游一周后，顺利返回地面。这次飞船搭载，突破了原来只能搭载植物种子的局限性，实现了搭载试管种苗的首次成功，将中国航天育种工作的技术水平又向前大大推进了一步。

现在，全球任何一个国家都无法在这方面与我们相提并论，全新的“中国号”太空作物家族已经非常壮大了！我们不妨简单罗列和概括描述一下这些太空作物的类别和特点：

一是太空粮食作物。太空水稻已经形成多个稳定品种，普遍具有穗大粒饱、优质高产、生长期短、分蘖力强等特征，增产5%~10%，而且蛋白质含量、氨基酸含量都有大幅增长。截至2012年，航天育种超级再生稻的累计种植面积已经突破了1亿公顷，而且普遍产量高、品质好。太空小麦已经形成矮秆、丰产、早熟的稳定品系，产量比普通小麦高10% ~ 15%。太空玉米每株能够结出6个左右的玉米棒，味道比普通玉米好得多，而且有多种颜色。此外，还有太空大豆、太空绿豆、太空豌豆、太空荞麦、太空高粱，个个都有“拿手绝活”，个个都是精彩亮相。

二是太空林木草灌。太空林木目前有油松、白皮松、石刁柏、杨树、红豆杉、美国红栌等品种。太空草类种子有紫花苜蓿、沙米、红豆草、匍匐冰草等品种，如能将变异后出现的如抗寒、抗旱能力变强，蛋白质含量变高，存活期变长，可以一茬茬连续收割等

太空林木草灌——苜蓿

太空林木草灌——柠条

优秀特征都固定下来，就可以用在铺设草坪，畜牧业饲养，固沙、阻尘等方面来发挥重大作用。

三是太空蔬菜水果。太空青椒普遍高产优质、抗病性好，枝叶粗壮，果大肉厚，单果重量大于 0.5 千克，单季产量平均在 4000 千克 /666.67 米 ^{2}，最高可达 5000 千克 /666.67 米 ^{2}，维生素 C 含量比普通品种增加 20%。太空黄瓜藤壮瓜多，瓜体奇多，最大单果重 1800 克，长度达到 52 厘米，维生素 C 含量提高 30%，可溶性固形物含量提高 20%，铁含量提高 40%，真正是产量大、营养高。虽然因为个大而觉得皮有点厚，但瓜肉却是汁多脆嫩、口感甚好。太空菜葫芦长达 75 厘米，平均单果重 4 千克，最大单果重达 8 千克，而且还含有可治糖尿病的苦瓜素。太空番茄除了开头讲的“番茄部落”单株能结上万个果实这样的“冠军纪录”外，其他太空番茄品种平均单果重量也在 350 克左右，最大单果重达到 1100 克，平均产量增加了 15%。有一种太空樱桃番茄，含糖量高达 13%，与柑橘相当，口感鲜甜，完全可以直接当水果吃啦。此外，太空甜椒、太空茄子、太空西瓜、太空萝卜、太空大蒜、太空甘蓝……不但个头长得大、口感更好吃、营养成分高，而且有的还能出现颜色上的精彩异变，比如五彩椒。而太空大蒜，一头能长到 0.5 千克；太空萝卜呢，本来普通萝卜的幼苗是害虫爱吃的，可现在就是不打农药，虫子也不靠近它啦。

四是太空经济作物。除了太空棉花、太空芝麻等这些“大宗作物”外，还有另外一个同样已经兴旺发达、同样能够产生经济效益的“小家族”，就是太空观赏花卉。它们不但品种繁多，而且普遍具有开花数量多、花色变异多、开花时间长等特点，并且免疫能力、抗虫能力也都有显著增强。除了百合、金盏菊、一品红、太空孔雀草、万寿菊、瓜叶菊、金鱼草、醉蝶花等新品种之外，还有鸡冠花、麦秆菊、麒麟菊、金鸡菊、荷兰菊、大滨菊、天竺葵、蜀葵、龙葵、荷花、大丽花、火把莲、百合、福禄考、矮牵牛、三色堇、石竹、千屈菜、羽扇豆……可谓应有尽有。

领先全球、不断壮大的中国航天育种科技产业，将会给国家与民族带来显著的变化。

从经济效益上看：航天育种作物产量更高，有的成倍增长，一般都能增产 10% ~ 20%；品质好，有机品质的市场价值高，提质增效；培育优良品种的效率高，比其他育种方式的育种周期缩短一半，可降低育种成本；太空种子优良性能的稳定期较长，可以延长种子的更新周期；航天种子的抗性强，可降低种植成本；

航天种业与旅游业、食品加工业等结合，有利于延伸产业链，转变发展方式，调整产业结构，繁荣农村经济；与生态农业紧密结合，有利于发展农业循环经济，提高综合效益。

从社会效益上看：航天育种作物能为我国实现粮食数量和质量的双安全提供有力的科技支撑，加快我国从农业大国向农业强国发展，使农业成为有奔头的产业；带动农村旅游业和太空有机食品加工业等的发展，可增加就业，推进以人为中心、以产业为支撑的新型城镇化建设；繁荣农村经济，可为国家增加税收，如建设 667 公顷绿化苗木基地，5 年可培育 7575 万株绿化苗木、花卉，销售收入可达 5.8 亿元，可创税 3500 万元；航天育种是战略性新兴产业，航天农业的技术含量高，需要从业者具有较高专业知识和生产技能，目前在每个示范园区都办有科普教育和技术培训中心，帮助农民提高技能水平，推进产业升级，使务农成为体面的职业。

从生态效益上看：航天作物种子抗性强，推广种植可大幅减少化肥和化学农药的使用，进而减少对农作物及生态环境的污染；发展太空花卉、蔬果、草、树、药材等，以其新、特、奇和有机品质，优化农村生态景观，建设美丽乡村，促进了农村生态旅游、养生旅游；以生态农业技术发展农村循环经济，将农业、农村的废弃物转化为有用的资源；发展"太空林场""太空牧场""太空农场"等，有利于提升农业、林业、草业行业的技术含量、发展潜力、规模效益，强化对荒漠化、退耕地的综合治理，改善生态环境，增强生产能力……

上述综合效益已经不再只是蓝图、构想阶段了，而是随着中国航天科技的飞速发展，随着中国种子的一次次“太空之旅”，正在演变为覆盖华夏大地、造福中国人民的锦绣美景。

航天育种功在当代，利在千秋！

满目苍翠的农田

第九章 走向大同

当今世界，人类生活在同一个地球村，生活在历史与现实交汇的同一个时空里，越来越成为你中有我、我中有你的命运共同体。当今中国，正在持续发挥着负责任大国的作用，与世界各国人民齐心协力，构建人类命运共同体，加快推进“一带一路”倡议落地生根，建设持久和平、普遍安全、共同繁荣、开放包容、清洁美丽的世界。而中国的航天科技，以及在航天科技助推下阔步迈进的林业等事业，也正在成为推进绿色发展理念走出国门、走向世界的重要力量。

不论是谁，也不论他是哪个国家、哪个民族，恐怕都不会否认，中国共产党第十八次全国代表大会以来的中国，正在发生着翻天覆地的全新变化，正在走向令人瞩目和自豪的伟大复兴。同时，也正在为实现人类和平、推进共同发展，做出有目共睹、前所未有的巨大努力。而这其中一个重要的标志，就是人类命运共同体这一重大倡议的提出和实践。

这是注定将载入人类文明发展史册的大事。而在这样的伟大进程中，已经居于全球前列的中国航天科技，正在发挥出越来越重要的强劲助推作用；已经在全球引发共鸣的绿色发展理念，正在为中国和各有关国家、地区增添生态文明的浓重绿色。

重大倡议：构建人类命运共同体

人类命运共同体是以习近平同志为核心的党中央在洞察人类命运前途和时代发展趋势、敏锐把握中国与世界关系的历史性变化的基础上，向全世界发出的号召。

这一理念刚一提出，就在国际社会引发普遍关注，认为这一理念不仅是中国对外政策的指导思想，也是为国际社会整体进步发展提供的全新解决方案，能够指导解决当前国际社会面临的主要全球性议题和深层次问题。

那么，这个理念和倡议是怎么来的呢？

2012 年 11 月，党的十八大明确提出“要倡导人类命运共同体意识，在追求本国利益时兼顾他国合理关切”。这是中国首次向全世界发出倡导建设人类命运共同体的信号。12 月 5 日，习近平主席同在华工作的外国专家代表座谈时指出：“我们的事业是向世界开放学习的事业。”“国际社会日益成为一个你中有我、我中有你的命运共同体。”2013 年 3 月 23 日，当选为国家主席后首次出访的习近平，在莫斯科国际关系学院发表题为《顺应时代前进潮流，促进世界和平发展》的重要演讲，首次正式而明确地向全世界发出构建人类命运共同体的重大倡议：“这个世界越来越成为你中有我、我中有你的命运共同体，和平、发展、合作、共赢成为时代潮流。”

2015 年 9 月下旬，习近平主席在纽约出席联合国成立 70 周年系列峰会。9 月 28 日是联大一般性辩论首日，习近平主席在联合国讲台上掷地有声地发出号召：“当今世界，各国相互依存，休戚与共。我们要继承和弘扬联合国宪章的宗旨和原则，构建以合作共赢为核心的新型国际关系，打造人类命运共同体。”“携手构建合作共赢新伙伴，同心打造人类命运共同体。让铸剑为犁、永不再战的理念深植人心，让发展繁荣、公平正义的理念践行人间！”话音刚落，全场立即响起经久不息的热烈掌声。

这是中国国家领导人首次在重大国际组织场合中提出人类命运共同体的概念并详细阐释核心思想。此后到 2016 年 12 月，在第二届世界互联网大会、华盛顿核安全峰会、上合组织成员国元首理事会第十六次会议、金砖国家领导人第八次会晤等场合，习近平主席先后提出构建网络空间命运共同体、核安全命运共同体等具体理念，使人类命运共同体的内容日臻丰富完善。

2017 年 1 月 17 日，国家主席习近平在瑞士达沃斯国际会议中心出席世界经济论坛 2017 年年会开幕式，并发表题为《共担时代责任，共促全球发展》的主旨演讲，提出了“五个坚持”的人类命运共同体建设原则，即坚持对话协商，建设一个持久和平的世界；坚持共建共享，建设一个普遍安全的世界；坚持合作共赢，建设一个共同繁荣的世界；坚持交流互鉴，建设一个开放包容的世界；坚持绿色低碳，建设一个清洁美丽的世界。

演讲发表后，世界各大媒体几乎无一例外播报了这一“最令人瞩目的事件”。美国《外交政策》杂志说，这是“具有分水岭意义的时刻”；西班牙《国家报》指出，习近平成为全球化和自由贸易的“世界领导者”。

2017 年 2 月 10 日，构建人类命运共同体理念写入联合国决议；3 月 17 日，载入安理会决议；3 月 23 日，载入联合国人权理事会决议……正所谓，思想的光芒绽放，时代的价值永恒。

2017 年 10 月 18 日，习近平在党的十九大报告中，向全党、全军、全国各族人民，也是向世界，再次明确提出：坚持和平发展道路，推动构建人类命运共同体。同时倡导，要构建人类命运共同体，促进全球治理体系变革。

大道行思，取则行远。6 年多的时间里，习近平主席已经在国际国内不同场合数十次提到命运共同体概念，详细阐述其内涵、愿景与路径，并先后创造性地提出了中非命运共同体、中国—东盟命运共同体、亚太命运共同体、中拉命运共同体等具体理念。

时代大潮，奔涌不息。2018 年 1 月下旬，世界经济论坛 2018 年年会在瑞士达沃斯召开，有包括 70 位国家元首或政府首脑以及 38 位国际组织负责人在内的 3000 名嘉宾出席。值得关注的是，本届年会的主题被确定为“在分化的世界中打造共同命运”。

论坛创始人兼执行主席克劳斯·施瓦布先生说，确定这一主题，是对中国国家主席习近平 2017 年出席论坛时提议的构建人类命运共同体理念的延续，希望可以继续宣扬习近平主席的这一重要主张，并称“习近平主席在达沃斯的演讲是中国与世界关系的重要转折点”。

坚持推动构建人类命运共同体，已经成为中国引领时代潮流和人类文明进步方向的鲜明旗帜。它交融于实现中华民族伟大复兴的中国梦，列入新时代坚持和发展中国特色社会主义的基本方略，构成习近平新时代中国特色社会主义外交思想的核心和精髓；它树立起中国维护世界和平、促进共同发展的形象，让世界更好地了解和理解中国，也让中国更好地走近世界舞台中央，为世界和平与发展不断贡献中国智慧、中国方案、中国力量。

正如习近平主席所指出的：“人类命运共同体，顾名思义，就是每个民族、每个国家的前途命运都紧紧联系在一起，应该风雨同舟，荣辱与共，努力把我们生于斯、长于斯的这个星球建成一个和睦的大家庭，把世界各国人民对美好生活的向往变成现实。”

人类命运共同体深入思考“建设一个什么样的世界、如何建设这个世界”等关乎人类前途命运的重大课题，表达了中国追求和平发展的愿望，体现了中国与各国合作共赢的理念，提交了一份思考人类未来的中国方略；以整体意识、全球思维、人类观念重新打量世界，谋划持久和平、普遍安全、共同繁荣、开放包容、清洁美丽的世界新前景；涉及政治、经济、安全、社会、文化、生态等多个领域，是对政治共同体、经济共同体、安全共同体、社会共同体、文化共同体等的进一步概括和升华。

同时，人类命运共同体理念在多个方面超越了近代以来西方主流国际关系理论，指明了国际关系乃至整个人类社会未来发展的方向。超越单边的霸权稳定论，倡导构建持久和平的世界；超越片面的单边安全观，倡导构建普遍安全的世界；超越狭隘个体利益观，倡导构建共同繁荣的世界……

曾几何时，少数国家依靠坚船利炮，打遍全球，到处建立殖民地。时至今日，国外也还有些人抱着这样的思维不肯放弃。对此，习近平主席有着精辟的论述："要跟上时代前进步伐，就不能身体已进入 21 世纪，而脑袋还停留在过去，停留在殖民扩张的旧时代里，停留在冷战思维、零和博弈老框框内。"

人类命运共同体所主张的，是要摆脱以往不合时宜的征服型文明心态，破除文明等级观念，抛弃文明冲突论、文明优越论，提倡全球新型文明观，各国之间包容互鉴，求同存异，充分尊重各国文明多样性、发展道路多元化，构建和而不同、兼收并蓄的全球新型文明观，加强各国之间的思想文化交流，逐渐拉近各国之间的心理距离，消除前进道路中的障碍，相互借鉴，取长补短，共同推动人类文明发展进步。

也正因为如此，人类命运共同体的理念和倡议提出以来，在世界众多国家、地区和重要组织中引发关注、赞同和响应的程度，可以用呈几何级数增长来形容。

"善学者尽其理，善行者究其难。"不可否认，构建人类命运共同体是一个长期过程，需要各方齐心协力，需要一代代人上下求索、接力前行，才能不断推进这一“路漫漫其修远兮”的文明进程。

构建人类命运共同体的宏图已经展开，步子已经迈开，其中一个重大的行动，就是“一带一路”建设。

伟大实践：“一带一路”阔步前行

大名鼎鼎的丝绸之路，从广义上讲可以分为陆上丝绸之路和海上丝绸之路。平时说起时，一般是指陆上丝绸之路，简称丝绸之路。

公元前 139 年即距今 2100 多年前，汉武帝派遣张骞出使西域大月氏。尽管张骞历经无数磨难，最终也未能说服大月氏与汉朝合作以夹击匈奴，但却开辟了一条自长安即今西安为起点，经关中平原、河西走廊、塔里木盆地，到锡尔河与乌浒河之间的中亚河中地区，并联结地中海各国的陆上通道，被认为是联结亚欧大陆的古代东西方文明的交汇之路，而丝绸则是最具代表性的货物。数千年来，总有一代又一代的游牧民族或部落、商人、教徒、外交家、士兵及学术考察者，在沿着丝绸之路四处活动。

公元 1877 年，德国地质地理学家李希霍芬在《中国》一书中，把“从公元前 114 年至公元 127 年间，中国与中亚、中国与印度间以丝绸贸易为媒介的这条西域交通道路”命名为“丝绸之路”，很快被学术界和大众所接受。其后，德国历史学家郝尔曼在 20 世纪初出版的《中国与叙利亚之间的古代丝绸之路》一书中，根据新发现的文物考古资料，进一步把丝绸之路延伸到地中海西

位于敦煌西南阳关景区的张骞雕塑

岸和小亚细亚，确定了丝绸之路的基本内涵，即中国古代经过中亚通往南亚、西亚以及欧洲、北非的陆上贸易交往的通道。

随着时代发展，丝绸之路成为古代中国与西方所有政治、经济、文化往来通道的统称。有西汉张骞开通西域的官方通道西北丝绸之路；有北向蒙古高原，再西行天山北麓进入中亚的草原丝绸之路；有长安到成都再到印度的山道崎岖的西南丝绸之路。

在此期间，还出现了一条完全走海路，从广州、泉州、杭州、扬州等沿海城市出发，从南洋到阿拉伯海，甚至远达非洲东海岸的海上贸易的海上丝绸之路。它是古代中国与外国交通贸易和文化交往的海上通道，主要以南海为中心，所以又称“南海丝绸之路”。

在这些具有历史意义的国际通道上，五彩丝绸、中国瓷器和香料络绎于途，为古代东西方之间经济、文化交流做出了重要贡献。作为经济全球化的早期版本，丝绸之路贸易通道被誉为全球最重要的商贸大动脉。

当人类历史的车轮进入 21 世纪后，古老的丝绸之路迎来了焕发更大勃勃生机，重新为贯通东西、构建大同而展示全新价值的重要时刻。

2013 年 9 月 7 日，中国国家主席习近平在哈萨克斯坦纳扎尔巴耶夫大学发表题为《弘扬人民友谊，共创美好未来》的重要演讲，盛赞中哈传统友好，阐述中国对中亚国家睦邻友好合作政策，倡议用创新的合作模式，共同建设丝绸之路经济带，将其作为一项造福沿途各国人民的大事业。习近平在演讲中强调，20多年来，随着中国同欧亚国家关系快速发展，古老的丝绸之路日益焕发出新的生机活力；发展同中亚各国的友好合作关系是中国外交优先方向；我们希望同中亚国家一道，不断增进互信，巩固友好，加强合作，促进共同发展繁荣，为各国人民谋福祉；为使欧亚各国经济联系更加紧密、相互合作更加深入、发展空间更加广阔，我们可以用创新的合作模式，共同建设丝绸之路经济带，加强政策沟通、道路联通、贸易畅通、货币流通和民心相通，以点带面，从线到片，逐步形成区域大合作，这是对古老陆上丝绸之路的全新唤醒、全新定义。

此后不久的2013年10月3日，习近平主席又在印度尼西亚国会发表重要演讲，向东盟国家发出重大倡议。他在演讲中说，东南亚地区自古以来就是海上丝绸之路的重要枢纽，中国愿同东盟国家加强海上合作，使用好中国政府设立的中国—东盟海上合作基金，发展好海洋合作伙伴关系，共同建设21世纪海上丝绸之路。

丝绸之路经济带和21世纪海上丝绸之路即“一带一路”的号角，就此吹响。以2013年金秋为起点，“一带一路”建设作为承载时代使命的世纪工程，掀开了世界发展进程的新一页。

2015年3月28日，经国务院授权，中国国家发展改革委员会、外交部、商务部联合发布了《推动共建丝绸之路经济带和21世纪海上丝绸之路的愿景与行动》，阐明了共建“一带一路”的时代背景、合作重点、框架思路、合作机制、未来目标等，是中国向全世界绘出的一幅宏大蓝图。文中表明，“一带一路”致力于亚欧非大陆及附近海洋的互联互通，建立和加强沿线各国互联互通伙伴关系，构建全方位、多层次、复合型的互联互通网络，实现沿线各国多元、自主、平衡和可持续发展；“一带一路”的互联互通项目将推动沿线各国发展战略的对接与耦合，发掘区域内市场的潜力，促进投资和消费，创造需求和就业，增进沿线各国人民的人文交流与文明互鉴，让各国人民相逢相知、互信互敬，共享和谐、安宁、富裕的生活。同时，还阐明了“一带一路”的共建原则和理念，即恪守联合国宪章的宗旨和原则；遵守和平共处五项原则，即尊重各国主权和领土完整、互不侵犯、互不干涉内政、和平共处、平等互利；坚持开放合作，坚持和谐包容，坚持市场运作，坚持互利共赢；秉持和平合作、开放包容、互学互鉴、互利共赢的理念，全方位推进务实合作，打造政治互信、经济融合、文化包容的利益共同体、命运共同体和责任共同体。

“一带一路”贯穿亚欧非大陆，一头是活跃的东亚经济圈，一头是发达的欧洲经济圈，中间广大腹地国家经济发展潜力巨大。丝绸之路经济带重点方向是从中国经中亚、俄罗斯至欧洲（波罗的海）；从中国经中亚、西亚至波斯湾、地中海；从中国至东南亚、南亚、印度洋。21 世纪海上丝绸之路重点方向是从中国沿海港口过南海到印度洋，延伸至欧洲；从中国沿海港口过南海到南太平洋。

共建“一带一路”的合作重点，包括了政策沟通，设施联通，交通基础设施联通，能源基础设施互联互通，跨境光缆等通信干线网络建设，贸易畅通，拓展相互投资领域，推动新兴产业合作，优化产业链分工布局，资金融通，金融监管合作，民心相通，扩大相互间留学生规模，合作办学，加强旅游合作、医疗合作、科技合作、城市间交流合作、文化传媒国际交流合作等，领域之多，前所未有。

这是构建人类命运共同体的伟大实践，迅速受到全世界的高度关注，持续得到“一带一路”沿途各个国家、地区和组织的热烈响应，使得“一带一路”建设如火如荼，迅速成为当之无愧的互尊互信之路、合作共赢之路、文明互鉴之路。

2018 年 8 月 27 日，习近平主席出席在人民大会堂召开的推进“一带一路”5 周年座谈会。他在讲话中精辟地指出：“共建‘一带一路’顺应了全球治理体系变革的内在要求，彰显了同舟共济、权责共担的命运共同体意识，为完善全球治理体系变革提供了新思路、新方案。”同时强调，要坚持对话协商、共建共享、合作共赢、交流互鉴，同沿线国家谋求合作的最大公约数，推动各国加强政治互信、经济互融、人文互通，一步一个脚印推进实施，一点一滴抓出成果，推动共建“一带一路”走深、走实，造福沿线国家人民，推动构建人类命运共同体。

这次座谈会是“一带一路”倡议提出 5 年来的一次全面总结和成果展示。

5 年间，先后有 130 多个国家和国际组织同中国签署“一带一路”合作文件；联合国安理会通过的第 2344 号决议，呼吁国际社会通过“一带一路”建设加强区域经济合作；中国成功举办首届“一带一路”国际合作高峰论坛，来自五大洲 29 个国家的国家元首、政府首脑与会，来自 130 多个国家和 70 多个国际组织的 1500 多名代表参会，达成 279 项成果。

5 年间，以具体行动参与、支持“一带一路”建设，成为国际社会的热现象。英国设立专家理事会，第一个宣布支持 250 亿英镑“一带一路”亚洲项目，英中贸易协会已发表 4 份“一带一路”报告，英国渣打银行 2020 年年底前要为“一带一路”倡议相关项目提供至少 200 亿美元融资支持；瑞士政府在外交部设立“一带一路”咨询协调办公室，瑞士银行家协会设立“一带一路”金融联络办公室；德国西门子公司和上百家中国企业携手开拓“一带一路”市场；日本通运公司 2015 年起同中国铁路总公司合作，协助在华日企借助中欧班列开展通往中亚和欧洲的定期运输业务……共建“一带一路”的热潮，从政府到企业，从官方到民间，合作的广度和深度不断拓展。

5 年间，共建“一带一路”大幅提升了中国贸易投资自由化、便利化水平，推动中国开放空间从沿海、沿江向内陆、沿边延伸，形成陆海内外联动、东西双向互济的开放新格局。中国同“一带一路”相关国家的货物贸易额累计超过 5 万亿美元，对外直接投资超过 600 亿美元，为当地创造 20 多万个就业岗位，中国对外投资成为拉动全球对外直接投资增长的重要引擎。

5 年间，务实行动让重大项目在沿线国家和地区落地生根。中巴经济走廊、中俄蒙经济走廊等建设顺利推进；亚吉铁路、蒙内铁路竣工通车，中老铁路、中泰铁路、雅万高铁、匈塞铁路开工建设；中国—白俄罗斯工业园、柬埔寨西哈努克港经济特区、埃及苏伊士经贸合作区等成为“一带一路”产业合作的典范；斯里兰卡汉班托塔港、巴基斯坦瓜达尔港、希腊比雷埃夫斯港等建设运行顺利；中欧班列累计开行超过 1 万列，到达欧洲 15 个国家的 43 个城市。

5 年间，合作共赢让“一带一路”沿途国家和地区的民众有了实实在在获得感。因为“一带一路”带来的机遇，企业发展天

中国—白俄罗斯工业园

地拓宽了，民众就业机会增加了，百姓生活消费能力提升了。从吃、穿、用，到游、购、行，商场里的货品选择更多，餐桌上的美味更丰富，线上、线下的消费更便利……

百川朝海，流行不止；道虽辽远，无不到者。深得人心的“一带一路”建设，经过夯基垒台、立柱架梁，大步迈向落地生根、持久发展的全新阶段，而且呈现出了从“大写意”到“工笔画”的全面深化。

2019 年 4 月下旬，第二届“一带一路”国际合作高峰论坛在中国北京隆重举办。开幕式上，习近平主席发表主旨演讲，指出：“共建‘一带一路’倡议，目的是聚焦互联互通，深化务实合作，携手应对人类面临的各种风险挑战，实现互利共赢、共同发展。在各方共同努力下，‘六廊六路多国多港’的互联互通架构基本形成，一大批合作项目落地生根，首届高峰论坛的各项成果顺利落实，150 多个国家和国际组织同中国签署共建‘一带一路’合作协议。共建‘一带一路’倡议同联合国、东盟、非盟、欧盟、欧亚经济联盟等国际和地区组织的发展和合作规划对接，同各国发展战略对接。从亚欧大陆到非洲、美洲、大洋洲，共建‘一带一路’为世界经济增长开辟了新空间，为国际贸易和投资搭建了新平台，为完善全球经济治理拓展了新实践，为增进各国民生福祉做出了新贡献，成为共同的机遇之路、繁荣之路。”

面对滚滚向前的时代大潮，“一带一路”建设乘势而上，顺势而为，造福人民，造福世界。

第二届“一带一路”国际合作高峰论坛会场

除前面提到的《推动共建丝绸之路经济带和21世纪海上丝绸之路的愿景与行动》外，自2014年至今，中国还先后制定和对外发布了一系列规划、建议、设想，包括《丝绸之路经济带和21世纪海上丝绸之路建设战略规划》《“一带一路”建设海上合作设想》《标准联通共建“一带一路”行动计划（2018—2020年）》《共建“一带一路”：理念、实践与中国的贡献》等，以及推动创立“丝路基金”、金砖国家新开发银行和应急储备基金、亚洲基础设施投资银行、中国—中东欧金融控股公司和银行联合体等相关金融支撑机构和其他领域的相关工作机制、配套规划。

所有这些，都意味着中国推进“一带一路”服务沿线国家的行动，已成万马奔腾、奋勇争先之势。这其中，当然也包括中国的各类科技部门和行业；而最能代表中国顶尖综合科技发展之大成的，就是航天科技。此外，还有在航天科技保障下迅速推进、全面落实的绿色发展理念。

强劲助推：航天科技高歌猛进

在中国推进共建“一带一路”的宏伟进程中，中国航天科技始终在扮演着不可替代的重要角色，也始终是一支不容忽视的重要力量。

事实上，早在“一带一路”启动之前，中国航天就已经开始与亚欧各有关国家和地区建立了商业合作关系。但只有当“一带一路”倡议提出之后，才为中国航天科技走出国门、大显身手提供了更为广阔的天地时空。

“一带一路”倡议的重要目标之一，就是实现信息领域的互联互通。由于卫星等航天产品所在的高空间位置等特殊优势，遥感、通信、导航等空间信息系统在实现大范围、长距离的近实时信息保障中具有极强的优势，因此对于“一带一路”这样一个涉及地域范围较广、距离较长、地形复杂多变、气候环境、社会治理结构各不相同的跨区域、跨大洲的国家战略来说，航天科技在保障信息交流，实现信息领域的互联互通方面具有不可比拟的天然优势。同时，“一带一路”倡议涉及的基础设施建设、高铁、矿产资源开发、能源通道建设、区域协调发展、生态环境影响、粮食安全保障等主题内容，也都是我国遥感观测卫星的优势应用领域。

从科技合作上讲，“一带一路”沿线国家可以通过系统合作研发、示范应用、成果技术转移等多种方式，深度参与航天科技系统科研、建造和应用等工作，促使中国空间技术更多惠及各国社会和民生发展。

从文化传播上来说，航天领域尤其是卫星产业所涉及上下游产业十分广泛，如卫星通信的下游产业，包括移动卫星服务、数字电视卫星直播等。在这些领域加强合作，将充分树立中外文化合作交流的标杆和品牌，借以形成促进中外文化交流的常态化机制，从文化软实力和民心民意上为我国与相关国家的深入合作奠定坚实的基础。

从外交上讲，通过与沿线国家在航天领域的交流与合作，增进与沿线国家特别是周边国家的政治互信和睦邻友好，逐渐做大我国在沿线国家全方位的影响力，实现西进、南下、北上、东拓的总体外交布局，在地缘政治经济关系上构筑一个更为开放、包容和信任的新型关系，并树立我国走和平发展崛起道路的新型大国形象和地位。

中国航天科技通过在信息监控、情报获取与采集、应急响应等方面提供信息支持，将同样具有无可比拟的优势，对增强和巩固我国在沿线国家的地缘政治优势，并满足其在传统及非传统安全领域的各类信息需求具有较大的战略意义。

从保障战略资源开发与自然生态环境上讲，“一带一路”经济带矿产、石油、天然气资源储备丰富，地域广阔，地理情况复杂，交通等基础设施建设薄弱，资源勘探开发难度大，对地理信息数据获取和处理、位置服务信息采集与应用、数据通信提出了较高要求，迫切需要中国航天加快形成对沿线国家的应急与复杂地形通信、定位导航等领域的诸多天基信息采集处理能力，全面增强战略预警能力和应急响应能力。

这是多么宽广的舞台！而且这个舞台最主要的是在天上，而不是地下。几年来，中国航天始终在共建“一带一路”过程中强力助推，并逐步形成了“一带一路”空间信息走廊、太空丝绸之路和数字丝绸之路等全新概念。

2016 年 10 月，中国国防科工局（国家航天局）、国家发改委印发了《关于加快推进“一带一路”空间信息走廊建设与应用的指导意见》，旨在配合国家“一带一路”倡议，提升卫星天地一体化应用能力。这个指导意见的发布，既是对中国航天未来加快推进“一带一路”建设的全新规划，又是对以往中国航天在“一带一路”建设事业中所做贡献的总结回顾。

2016 年 12 月 28 日，国务院新闻办公室发布《2016 年中国的航天》，向国际社会公布了大量重要信息。这是中国发表的第四部航天白皮书，系统介绍了新时代我国航天事业发展的主要任务和基本政策，充分反映了 2011 年以来我国在载人航天、月球探测、北斗卫星导航系统、高分辨率对地观测系统等重大工程和空间科学、空间技术、空间应用等方面取得的丰硕成果，阐释了我国发展航天事业的宗旨原则和未来5年的主要任务。

白皮书明确宣示，中国反对外空武器化和外空军备竞赛，支持在联合国系统内开展和平利用外层空间的各项活动；中国将以“一带一路”空间信息走廊建设为重点，推进有关区域遥感卫星合作，完善空间信息走廊建设，特别是与相关国家共商、共建。一是支持在联合国系统内开展和平利用外层空间的各项活动；二是支持政府间、非政府间空间组织为促进航天事业发展所开展的各项活动；三是加强基于共同目标、服务“一带一路”建设的双边和多边合作；四是支持亚太空间合作组织在区域性空间合作中发挥重要作用、重视在金砖国家合作机制和上海合作组织框架下开展空间合作；五是鼓励和支持国内科研机构、工业企业、高等院校和社会团体，在国家有关政策和法规的指导下，开展多层次、多形式的国际空间交流与合作。

可以看出，只要是与航天有关，只要是国家层面的重大部署，就一定不会少了“一带一路”的规划和安排。事实上，随着这些重大规划与部署的展开，中国航天助推“一带一路”的力度一直都在不断加大。

按照2017年5月公布的有关数据，中国已同30个国家和3个国际组织签署了98份政府间或政府部门间有关航天方面的合作协定，涉及“一带一路”国家11个、协定23份，与沿线国家建立了良好的政府和商业合作机制，充分表明中国航天在“一带一路”沿线的“朋友圈”正在不断扩大。

在卫星通信领域，中国已拥有在轨民用和商用通信卫星17颗，转发器总数量接近300个，形成了包括固定通信广播、移动通信、数据中继等在内的全球化卫星通信技术服务体系，建成了连接南亚、非洲、欧洲和美洲的卫星电信港，形成了全球化的卫星通信服务能力，卫星通信业务拓展至全球30多个国家和地区，其中“亚太九号”通信卫星的发射形成了“自西向东排开，从印度洋至马六甲海峡再至南海海域”的态势，实现了对“海上丝绸之路”周边区域的基本覆盖，再加上“老挝一号”通信卫星、白俄罗斯通信卫星的陆续成功发射，不仅实现了中国航天向东盟国家整星出口零的突破，也实现了中国航天首次向欧洲地区用户提供整星在轨交付服务。

在卫星遥感领域，中巴地球资源系列卫星数据已广泛应用于南美国家国土资源调查、林业、农业等多个领域，成为“南南合作”的高科技典范；在印尼、老挝、泰国等19个国家建成了“风云”系列卫星数据接收及分发系统，全面提升沿线国家在气象监测、灾害防治等方面的综合能力；“高分二号”卫星实现亚米级光学遥感探测，“高分三号”合成孔径雷达分辨率高达1米，而新一代静止轨道气象卫星“风云四号”和遥感卫星“北京二号”“吉林一号”“高景一号”等的陆续发射并投入使用，进一步提升了中国遥感数据在“一带一路”沿线国家的覆盖范围及服务能力。

在卫星导航领域，北斗导航系统建设不断完善，区域服务能力不断提升，东盟国家等低纬度地区定位精度达5米左右，与俄罗斯、印度、巴基斯坦、泰国、印尼等国家和区域组织的合作交流取得重要进展，逐步实现了“一带一路”沿线国家的覆盖……

待将来中国高通量卫星全部发射完毕后，“一带一路”沿线国家用户可以随时随地用手持终端实现多媒体通信和视频通话。这就意味着便捷的联系方式，将使“伙伴们”合作的火苗越烧越旺！比如 2017 年 4 月中国首颗高通量卫星“实践十三号”的发射成功，将会使得“一带一路”沿线国家的任何人，无论在飞机上、高铁上，还是在偏远山区、边疆、远洋船舶上，都能实现便利上网，随时随地保持在线。

中国的航天科技特别是卫星技术水平一直在飞速提升之中。

“实践十三号”卫星模型

2015 年 12 月 17 日，中国首颗天文卫星——暗物质粒子探测卫星“悟空号”成功升空。之后，“实践十号”返回式科学实验卫星、量子科学实验卫星“墨子号”和硬 X 射线调制望远镜卫星“慧眼号”相继顺利发射。

随着空间科学系列卫星的成功发射，产出了一批重大科学原创成果，突破了多项前沿引领空间技术，极大地带动了空间技术的原始创新，脉冲星导航定轨精度都达到了国际最好水平。可以想见，这样的科技水平、科技成果，将对“一带一路”沿线国家的发展产生多么重大而尖端的引领！

中国的航天技术成果，正在通过一个个具体项目，在发展中全力服务“一带一路”沿线国家。中国—东盟遥感卫星的合作，为东盟开展农业监测、灾害防测发挥了积极作用。随着共享服务的拓展深化，卫星数据还在柬埔寨的物流管理应用、老挝的农林业精准管理、新加坡的港口精细管理作业方面发挥了作用。下一步，中国将有 20 余颗通信卫星陆续研制发射，国家航天局还在进一步组织论证“天地一体化信息网络”重大专项工程。

同时，中国航天还能为“一带一路”沿线用户提供发射服务，形成帮助建设地面站、培训卫星人才等商业航天一揽子解决方案；依托于开放星箭接口标准，“长征”系列火箭还为各类卫星提供“顺风车”和“私人订制”服务；通过帮助“一带一路”沿线国家发展航天基础设施，提高航天技术实际能力，提升公共服务能力和社会治理水平，惠及经济社会发展。

注意，积极致力于助推“一带一路”建设的，并不只是中国国家航天局这样的“国家级选手”，还有大量的民营企业、地方高校也都在主动参与、建功立业。2017年4月23日，经中国宇航学会和西北工业大学联合发起，在西安成立了“‘一带一路’航天创新联盟”。

联盟成立大会上，所有参与签署此宣言文件的高校、科研机构及学术组织共同宣布，“为推动‘一带一路’建设，深入开展航天领域的创新活动，加强国际合作，我们庄严宣告成立‘一带一路’航天创新联盟”。这个联盟的宗旨，是用开放包容、合作共赢、共享发展的精神，搭建航天领域的国际交流合作平台，推动联盟成员间在科学研究，人才培养，产、学、研结合等方面深入合作；使联盟成为各成员单位重要的文化、教育及科研交流平台，促进联盟成员的共同进步与发展，共同推进世界航天事业发展，让航天科技更好地为人类服务。

当然，这只是中国航天助推“一带一路”建设的蓬勃力量中的一支。

2018年6月19至21日，联合国外空会议50周年纪念活动在维也纳联合国和平利用外层空间委员会总部隆重举行。各国政府、科研机构和企业界代表聚集一堂，回顾外空探索50年来的成就，探讨全球空间合作的未来趋势。联合国外层空间事务办公室主任西莫内塔·迪皮波表示，空间技术已经成为21世纪的重要支柱，“我们应当利用空间技术改善世界各地的生活并保护地球”。

会议指出，在外空活动参与主体日益多元、外空挑战日益增多的背景下，各国应当在联合国框架下共同规划外空未来发展秩序，探讨影响人类长期发展的外空问题，加强外空活动和外空技术对实现全球可持续发展目标和全球治理的贡献。

基于此，会议通过成果文件，按照中国的倡议，呼吁“在和平利用外空领域加强国际合作，以实现命运共同体愿景，为全人类谋福利与利益”。

这是中国首次在重要国际会议上提出外空命运共同体理念，并立即得到了与会国家的广泛支持。会议认为，外空命运共同体愿景反映了国际社会的普遍诉求，为在新时期加强外空全球治理与国际合作、应对和平利用外空各类挑战指明了方向。

本次外空会议期间，还举行了“中国的航天合作：构建命运共同体和造福全人类”主题宣介会，展示了中国在载人航天、深空探测、北斗导航、空间能力建设等主要领域的成就和国际合作情况。

这次会议上，中国国家航天局与联合国外层空间事务办公室签署了关于开展“一带一路”空间信息走廊合作的意向宣言。宣言强调，未来将与“一带一路”沿线国家加强航空航天领域合作，和平合作开发外空；中国将通过联合国这个平台，更多地为发展中国家进行一些培训、提供一些数据和服务，开展技术合作，来帮助发展中国家和“一带一路”沿线国家开展空间技术应用以及空间科学启动性工作，使中国国家的空间基础设施和数据资源更好地为“一带一路”沿线国家提供更多服务和帮助。

而西莫内塔·迪皮波主任则极力盛赞中国航天发展的巨大成就，感谢中国航天合作对国际社会所做的重要贡献：“今天，联合国外层空间事务办公室与中方‘一带一路’空间信息走廊合作意向宣言意味着双方之间的合作迈上新台阶。‘一带一路’沿线国家今后将有机会获得更多的空间技术和设施方面的有力支持。各国应加强外空合作，共同应对全球性挑战，服务于实现2030年可持续发展目标。”

“地球是人类的摇篮，但是人类不能永远生活在摇篮里。”这是俄国科学家齐奥尔科夫斯基的一句名言。他提醒人们，蓝色地球家园虽然美丽辽阔，但也不过是宇宙中的沧海一粟，要把目光投向太空，勇敢地走出这个家园。只有跳出地球，才能更深刻地认识并解决面临的问题。

经过几代人的接续奋斗，中国在太空科技领域已经取得了长足进步，形成了包括航天发射、航天器研制、航天测控等系统在内的完整的空间科技工业体系，并向航天科技强国大踏步迈进。

在此过程中，秉承古老的丝路精神，坚持推动构建人类命运共同体，中国航天正在与其他参与“一带一路”建设的国家一道携手，铺就惠及各方的太空丝路。

绿色发展：生态文明遍地开花

2018 年 5 月 18 日，中国国家主席习近平在全国生态环境保护大会上发表重要讲话，提出要“共谋全球生态文明”：“生态文明建设关乎人类未来，建设绿色家园是人类的共同梦想，保护生态环境、应对气候变化需要世界各国同舟共济、共同努力，任何一国都无法置身事外、独善其身。”“要坚持环境友好，引导应对气候变化国际合作。要推进‘一带一路’建设，让生态文明的理念和实践造福沿线各国人民。”

这是习近平主席就“一带一路”建设中必须全面贯彻绿色发展理念、加强生态文明建设发出的总动员令。而在此之前，习近平主席的绿色发展理念早已深入人心，得到国际社会特别是“一带一路”沿线国家的广泛赞同和积极响应。

要知道，“一带一路”沿线国家生态环境普遍相对脆弱，生态保护需求巨大。沿线国家的国土面积虽不足全球的 40%，人口却占世界的 70%，人口密度比世界平均水平高出一半以上；水资源量只有全球的 35.7%，年水资源开采量却占世界的 66.5%，还排放了超过全球 55% 的二氧化碳等温室气体。在这些地区，有 39.1% 的哺乳类、32.2% 的鸟类、28.9% 的鱼类和 27.8% 的高等植物受到威胁，人均生态足迹已经超出地区生态承载力的80%。不少国家处于干旱和半干旱区域，面临土地荒漠化等土地退化威胁，属于国际上荒漠化防治的重点。

也正因为如此，中国政府各有关部门、相关科研单位等，都在响应习近平主席号召，在推进“一带一路”绿色发展的进程中率先前行。

2016年2月，国家林业局经济发展研究中心在第212期《决策参考》中发表了题为《林业在“一带一路”倡议中大有可为》的文章，提出了3条具体建议：一是成立“一带一路”林业投资贸易促进会，积极推动对外林业投资与林产品贸易；二是开设“一带一路”林业生态文明论坛，加强国际对话，文化搭台，经济唱戏，扩大共识与增进友谊；三是打造西部绿色长城，以我国西部9省（区、市）：与中亚、西亚、东欧为基础纽带，共建“一带一路”生态建设协作伙伴关系，加强区域协作，特别是要在中国北方绿色长城“三北”防护林带、南方绿色长城即南方沿海防护林带基础上，充分利用亚欧会议、欧亚经济论坛等平台，通过落实《中欧合作2020战略规划》《中国—中东欧国家合作布加勒斯特纲要》和《关于林业合作的谅解备忘录》，构建包括我国中西部、西南部在内，延伸到中亚、南亚、西亚及东欧的绿色长廊，让“一带一路”成为沿线各国人民的绿色之路、美丽之路、幸福之路。

这些建议的提出，有着扎实的实践基础和数据支撑。统计表明，截至2015年年底，我国与46个国家签署了81份林业双边合作协议。与泰国、马来西亚、越南、老挝、柬埔寨等东盟国家在热带珍贵树种高效培育、经济树种良种选育与加工利用、制浆造纸、竹产业发展等方面进行了卓有成效的合作交流；在金砖国家中，与印度和南非签订机构间林业科技合作协议，与巴西合作执行竹产业发展项目，与俄罗斯林业机构互访交流。中国森林认证体系与森林认证体系认可计划实现互认，为我国林产品进入国际市场取得了“绿色通行证”，提高了我国在林业国际标准领域的话语权。

不仅如此，近年来，中国与“一带一路”沿线国家的林业科技合作在深度和广度上不断推进，合作的内容从单一的林木育种，拓展到森林经营、木材加工等生产技术领域，荒漠化防治、病虫害防治等生态建设领域以及林产品精加工、林业遥感监测等高新技术领域。同时，中国经过 60 年的发展，已经建成世界上最大规模的林业高等教育体系，这在“一带一路”沿线国家林业教育资源相对缺乏、对林业高层次人才和技术需求强烈的情况下，无疑是推动“一带一路”绿色发展极其有利的重要条件。

对“一带一路”绿色发展的这种推动，始终在持续进行，重大动作接连不断。

2019 年 4 月 25 日，在第二届“一带一路”国际合作高峰论坛“绿色之路分论坛”上，“一带一路”绿色发展国际联盟正式成立，并启动了“一带一路”生态环保大数据服务平台，发布了绿色高效制冷行动倡议、绿色照明行动倡议和绿色走出去行动倡议。

“绿色之路分论坛”由中国生态环境部和国家发展改革委员会联合主办，其主题是“建设绿色‘一带一路’、携手实现2030年可持续发展议程”。其主要任务是打造政策对话和沟通平台，通过对话交流推动建设联合研究网络，为“一带一路”绿色发展提供理论支撑和政策建议；打造环境知识和信息平台，推动建立参与国家生态环保信息共享机制，为绿色“一带一路”建设提供数据及分析支撑；打造绿色技术交流与转让平台，提高区域生态保护和污染防治能力、基础设施建设及相关投资贸易活动的绿色化水平等。

“一带一路”绿色发展国际联盟将通过两年一次的“一带一路”绿色发展政策对话会和专题伙伴关系活动，推进生物多样性和生态系统、绿色能源和能源效率、绿色金融与投资、环境质量改善和绿色城市、南南合作和可持续发展目标、绿色技术创新和企业社会责任、环境信息共享和大数据、可持续交通、全球气候变化治理与绿色转型9个专题的研究与合作。

同样是在这次“绿色之路分论坛”上，中国在5年多的“一带一路”建设中始终秉持的绿色发展理念，让与会各个国家和组织的代表纷纷点赞。

大家普遍认为，中国与“一带一路”共建国家在生态环保领域开展了内容丰富、形式多样的交流与合作，从平台搭建、政策沟通、产业合作、人员交流等方面，与共建国家和国际组织签署双、多边生态环保合作文件近50份，构建了政府、企业、公众共同参与的多元合作模式；发布《关于推进绿色“一带一路”建设的指导意见》和《“一带一路”生态环境保护合作规划》，建设“一带一路”绿色发展国际联盟和生态环保大数据服务平台，设立“一带一路”环境技术交流与转移中心，推动环保社会组织走出去，并通过绿色丝路使者计划等能力建设活动以及各种多双边机制加强与相关国际组织和沿线国家的交流与合作，包括与世界农用林业中心建设山地生态系统研究中心、农用林业与可持续畜牧业联合实验室、红河谷山地未来创新中心等。

这个红河谷山地未来创新中心是中国推进“一带一路”绿色发展的一颗明珠。中国和“一带一路”沿线国家都有着山地资源较为丰富的特点，资源开发与环境保护之间矛盾突出。

面对这样的现实环境，世界农用林业中心于2017年推动中国科学院昆明植物研究所与云南红河县政府筹建了红河谷山地未来创新中心及200公顷示范基地，引种、筛选非洲特色农用林业树种，建立非洲复合种植示范园；结合联合国哈尼梯田文化遗产与中国山地农业系统，推进林下经济，木本饲料与农、林、牧复合经营，生态产业的产、学、研、用示范基地建设。其目标是建成中国具有自主创新能力的高原特色智慧农业孵化基地，非洲、东南亚与南美山地种质资源活基因库与保育基地，“一带一路”建设复合型人才培训基地和生态文化与生态文明知识传播基地。今后，还将进一步拓宽澜湄地区周边国家合作渠道，培养复合型农业科技国际领军人才；推动中印两国在气候变化与绿色产业领域的合作，开展中亚帕米尔高原气候变化与粮食安全研究。

在红河地区，拥有作为南方丝绸之路重要组成部分的马帮古道；而山地未来创新中心的建成，必将再次书写高原农耕文明与南方丝绸之路经济的全新篇章。

事实一次次证明，中国始终秉持绿色发展理念，注重与联合国 2030 年可持续发展议程对接，推动基础设施绿色低碳化建设和运营管理，在投资贸易中强调生态文明理念，加强生态环境、生物多样性保护和应对气候变化合作，为落实 2030 年可持续发展目标提供了新的动力，也给相关国家特别是“一带一路”沿线国家的绿色发展带来了新的重大机遇。

在推动“一带一路”成为绿色、低碳之路方面，中国有着天然的优势。我国已成为全球生态文明建设的重要参与者、贡献者、引领者，主张加快构筑尊崇自然、绿色发展的生态体系，共建清洁美丽的世界；我们有着以享誉全球的三北防护林体系为突出代表的林业生态重大成果建设经验，三北地区乃至全国各地都在实现从沙进人退到人进沙退、从满目荒漠到绿绿葱葱的重大转变，就连著名的毛乌素沙漠也都变成了森林绿洲……更何况，我们还拥有独步全球的航天育种科技！

2019 年 4 月 22 日，《陕西日报》发表消息说，将有一批“太空种子”从航天育种试验田走向哈萨克斯坦和吉尔吉斯斯坦的农业园区；目前，已经有 30 多种“太空种子”从陕西走向世界。这片规模较大、品类繁多的航天育种试验田位于陕西省西安市常

陕西日报

SHAANXI DAILY

宣传党的主张 反映群众呼声

2019年4月 22 星期一

习近平就斯里兰卡发生系列爆炸事件向斯里兰卡总统致慰问电

习近平复信美国高中学生

好风凭借力 山区大变样

——岚皋县创新苏陕扶贫协作纪实

脱贫攻坚 扶贫扶志扶智在行动

企业来了，家门口能就业了

市场大了，山货开始"吃香"了

"太空种子"从陕西走向世界

"一带一路"上的陕西故事

小核桃"长"成致富大产业

——洛南县盛鑫红仁核桃专业合作社特色发展纪实

好苗子结出好核桃

公司化经营带富更多贫困户

在习近平新时代中国特色社会主义思想指引下 新时代 新作为 新篇章

不断增强人民群众的获得感幸福感

——我省干部群众热议习近平总书记重庆考察并主持召开解决"两不愁三保障"突出问题座谈会时的重要讲话

斯里兰卡系列爆炸逾200人身亡

两名中国公民在袭击中遇难

距第四届丝绸之路国际博览会暨中国东西部合作与投资贸易洽谈会 还有19天

2019 年 4 月 22 日的《陕西日报》上刊登了《“太空种子”从陕西走向世界》的文章

宁新区。每年春季，远远望去，试验田郁郁葱葱、姹紫嫣红。

几年来，埋头在这片试验田上辛勤耕耘的航天育种专家们，先后通过“神舟”系列飞船，搭载小麦、荞麦、辣椒、番茄、百合、石竹等19类40多个品系的植物种子进入太空。经过反复试验和培育，团队自主选育和引进培育了20多个经航天诱变的作物新品种。

2015年，哈萨克斯坦和吉尔吉斯斯坦农业部门先后组团来访，希望和陕西合作，通过航天育种提升当地农业生产水平。很快，常夏石竹、葱兰、荷兰菊等一批耐寒、抗旱的太空花卉种子被撒在了异国的土地上。

而太空花卉种子只是合作的开始。世界马铃薯协会会长、荷兰哈克控股总裁哈克先生受西安航天育种试验田的吸引，多次到西安考察。2016年，中荷双方达成合作协议，在陕西共建马铃薯航天育种技术研究中心，重点推广陕西航天育种的马铃薯、矮化苹果和花卉。

在哈克先生的推动下，荷兰瓦格宁根大学与西安试验田团队共同成立了花椒研发课题组，联合开展花椒新品种及先进种植方式的科研攻关。试验田负责人说：“花椒的无刺、矮化、机械化采收品种的培育，被认为是世界育种难题。我们希望共同努力，解决这些难题，为世界种业的发展做出一点贡献。”“2016年由‘实践十号’返回式卫星搭载的采摘自陕西省澄城县史家河的花椒种子，已经进行了两年的地面选育，试验结果非常乐观，相信不久的将来，新一代的花椒种子也会从陕西走向世界。”

随着“一带一路”合作的深入，以“太空种子”为代表的陕西航天农业加快了与“一带一路”沿线国家和地区合作的步伐。2018 年，泰国正大集团与西安航天基地中加农业科技发展有限公司正式签约。双方将在正大集团农牧食品中国区种植、养殖一体化产业项目中各个板块试点采用或推广采用航天农业应用技术，共建航天农业产业平台。此外，由政府、科研机构、企业共同发起成立的“西安（中国）航天‘一带一路’农林科学研究中心”也在积极筹备中，其技术理论和成果将逐步向“一带一路”沿线国家和地区延伸和拓展。

令人感到自豪的是，中国的航天育种科技已经发展到在太空中进行种植实验啦。2016 年 9 月 15 日成功发射上天的“天宫二号”太空实验室，就携带了水稻、拟南芥等高级植物的种子，并成功地开展了种植实验。这是中国人首次在太空中“种地”，可谓意义非凡。

而更令全世界都为之惊叹的是，2019 年 1 月在月球背面成功实现软着陆的中国探测器“嫦娥四号”，不但完成了一系列科研任务，还创纪录地进行了一次生物实验。它搭载的各项载荷中，有一项是月面微型生物圈，其中包含土豆、棉花、拟南芥等种子，还有一些微生物和果蝇卵。1 月 15 日，这个生物圈中的棉花种子竟然长出了嫩芽！尽管由于月球背面那极其恶劣的环境导致这株嫩芽最终夭折，但它能够萌发就已经是人类历史上的创举了，因为这次实验是人类未来在月球上建造永久基地、实现自给自足的首次成功尝试。

2019 年 7 月 19 日晚，中国的“天宫二号”空间结束了自己的使命任务，按照计划受控返回地球。从 2016 年 9 月发射上天起，它在太空中运行了 1036 天。作为我国第一个真正意义上的空间实验室，“天宫二号”在将近 3 年的工作时间里，共搭载 14 项应用载荷及航天医学实验设备、在轨维修试验设备，先后开展了 60 余项空间科学实验和技术试验。

功勋卓著的“天宫二号”为中国未来的第一个空间站积累了丰富的经验，奠定了坚实的基础。那么，中国空间站建成后，能够在建设人类命运共同体、推进“一带一路”建设上，发挥什么作用呢？

就在 2018 年 6 月 19 日举办的联合国外空会议 50 周年纪念活动上，中国载人航天办公室主任杨利伟，也就是中国太空飞行第一人，与联合国外层空间事务办公室主任西莫内塔 · 迪皮波先生签署了中国空间站合作补充协议，并向联合国捐赠了中国空间站模型。

协议签订仪式上，杨利伟将军郑重宣告：“向世界开放中国空间站，体现了中国积极承担国际义务的责任感。”“我们国家载人航天的宗旨就是和平利用空间资源，为人类造福。同联合国外空委的合作是中国作为联合国会员国在载人航天领域贡献自己的一分力量。作为一个负责任的大国，这是我们需要做的。从‘一带一路’的角度来讲，我想特别是‘一带一路’沿线国家对我们的载人航天合作都有需求，我们也想通过一些合作，把‘一带一路’沿线国家在航天领域串联起来，从航天角度做一些贡献。”

我们的地球，已经诞生了46亿年；地球上的生命，也已经出现了38亿年。作为地球主宰的人类，更是走过了从利用自然到危害自然、再从认识自然到补偿自然的曲折道路。

但是，任何单个国家或组织，都不可能仅凭一己之力去面对作为一个巨大共同体的地球环境。只有贯彻落实人类命运共同体理念，深入利用包括航天科技在内的现代科学技术成果，全面推进“一带一路”跨区域合作模式，才是人类实现长久和平、幸福发展的唯一道路。

正所谓：航天科技，绿色中国；“一带一路”，生态地球；互利共赢，人类大同。

环顾当今世界，负责任大国者，唯中国是也！

参考文献

[1] 李育材．绿色长城——中国的“三北”防护林建设工程．北京：蓝天出版社，2007

[2] 朱教君，郑晓，闫巧玲．三北防护林工程生态环境效应遥感监测与评估研究．北京：科学出版社，2016

[3] 刘雪梅，宋兴舜，杨传平．航天育种概论．哈尔滨：东北林业大学出版，2009

[4] 蔡博峰．三北防护林工程监测和评价研究．北京：化学工业出版社，2009

[5] 国家林业局．三北防护林体系建设30年发展报告．北京：中国林业出版社，2008

[6] 国家林业局三北防护林建设局.世界生态工程之最——中国三北防护林体系工程.南京:江苏科学技术出版社，1999

[7] 梁宝君．三北农田防护林建设与更新改造．北京：中国林业出版社，2007

[8] 张炜．在东北老工业基地振兴中三北防护林体系建设工程发展战略研究．北京：中国林业出版社，2007

[9] 陈向东，郑瑞锋，陈洪卿，等．北斗授时终端及其检测技术．北京：电子工业出版社，2016

[10] 吴才聪，苑严伟，韩云霞．北斗在农业生产过程中的应用．北京：电子工业出版社，2016

[11] 李冬航．卫星导航标准化研究．北京：电子工业出版社，2016

[12] 姚铮，陆明泉．新一代卫星导航系统信号设计原理与实现技术．北京：电子工业出版社，2016

[13] 潘高峰，王李军，华军，等．卫星导航接收机抗干扰技术．北京：电子工业出版社，2016

[14] 郭锐，李军. 航天育种简史. 西安：陕西科学技术出版社，2016

[15] [德] 鲁道夫·基彭哈恩. 千亿个太阳——恒星的诞生、演变和衰亡. 沈良照，黄润乾，译. 长沙：湖南科学技术出版社，1996

[16] [瑞士] 雷托·U. 施奈德. 疯狂实验史. 许阳，译. 北京：读书·生活·新知三联书店，2009

[17] [英] 理查德·道金斯. 自私的基因. 卢允中，张岱云，陈复加等，译. 北京：中信出版社，2012

[18] [美] 比尔·布莱森. 万物简史. 严维明，陈邕，译. 南宁：接力出版社，2005

[19] [美] 比尔·布莱森. 趣味生活简史. 严维明，译. 南宁：接力出版社，2011

[20] [英] 约翰·格里宾. 寻找多重宇宙. 常宁，何玉静，译. 海口：海南出版社，2012

[21] [美] 阿尔伯特·爱因斯坦. 相对论. 易洪波，李智谋，译. 重庆：重庆出版社，2007

[22] [美] 菲利普·布雷特. 地球的终结——未来世界是这样走向消亡的. 李志涛，王怡，译. 北京：中央编译出版社，2009

[23] 陕西省人民防空办公室（民防局）. 防空避险知识漫画手册（中小学生版）. 西安：陕西人民出版社，2015